新财经改革研究系列丛书

U0656869

Research on the Evaluation and Promotion Path of the Guiding Power of
Online Public Opinion in Universities in the New Media Time

新媒体环境下
高校网络舆论引导力评价及
提升路径研究

李新来 著

东北财经大学出版社
Dongbei University of Finance & Economics Press
大连

图书在版编目（CIP）数据

新媒体环境下高校网络舆论引导力评价及提升路径研究 / 李新来著. —大连：
东北财经大学出版社，2024.10. —（新财经改革研究系列丛书）. —ISBN 978-
7-5654-5403-5

Ⅰ. G219.2

中国国家版本馆 CIP 数据核字第 2024RD5203 号

东北财经大学出版社出版发行

　大连市黑石礁尖山街 217 号　邮政编码　116025

　网　　址：http://www.dufep.cn

　读者信箱：dufep@dufe.edu.cn

大连图腾彩色印刷有限公司印刷

幅面尺寸：170mm×240mm　　字数：177 千字　印张：15　插页：1
2024 年 10 月第 1 版　　　　　　2024 年 10 月第 1 次印刷
责任编辑：时　博　孙晓梅　孟　鑫　　责任校对：那　欣
　　　　　吉　扬　王芃南　曲以欢
　　　　　吴　茜　惠恩乐
封面设计：张智波　　　　　　　　　版式设计：原　皓
定价：76.00 元

本书由湖北经济学院学术专著出版基金资助

前言

　　新媒体时代网络空间成为话语权争夺的重要场域，不仅是言论自由的体现，更是话语权的彰显，即影响话语受众、引导网络舆论的能力。党和国家高度重视高校在网络空间的信息传播和舆论引导工作，在"双一流"建设成效评估中将校园文化引领社会文化发展列为重要组成部分。网络舆论引导力是高校在网络空间践行育人职能的必备能力，也是时代发展对高校提出的迫切需求。面向多元融合与博弈的新媒体舆论场，高校网络舆论引导力建设机遇与挑战并存。较之传统媒体时代，新媒体环境下高校网络舆论引导力的特征、产生要素、生成路径、作用机制等都发生了本质变化。本书从理论、方法与应用三个层面对新媒体环境下高校网络舆论引导力的形成机制、评价理论与方法进行了深入系统研究。基于新媒体环境的特征及影响揭示了高校网络舆论引导力的形成机制，构建了以话语传播力、话语影响力和危机应对力三维度为核心的高校网络舆论引导力评价指标体系与评价模型，实现了对高校网络舆论引导力的多维度、多要素、多指标和多方法融合评价。其主要内容如下：

（1）对新媒体环境下高校网络舆论引导力形成与要素进行研究。首先，阐释了高校网络舆论引导力的内涵，界定了高校网络舆论引导力的概念。其次，分析了新媒体环境对高校网络舆论引导力的影响。新媒体环境的特殊性在于对舆论引导力产生要素全流程的双面效应。再次，揭示了新媒体环境下高校网络舆论引导力的产生与转化机制。高校网络舆论引导力的生成路径包括话语准备、网络实践、受众认同反馈三个阶段，舆论引导力只有在话语要素之间有效转化时才能彰显。最后确定了以话语传播力、话语影响力、危机应对力为核心的高校网络舆论引导力评价要素。

（2）对新媒体环境下高校网络舆论引导力评价指标体系进行研究。首先，通过数据分析揭示了新媒体环境下高校网络舆论引导力评价的特殊性。高校信息传播特征、网络舆论热点特征及话语受众影响路径的系统研究指出，新媒体环境下高校网络舆论引导力评价要注重高校与话语受众的相互作用，评价要素的提取要注重话语受众的行为及内容反馈。其次，具体解析了话语传播力、话语影响力及危机应对力三维度的评价指标的提取路径，构建了囊括高校信息传播内容与规模、话语受众情感、主题、行为反馈的评价指标体系。从传播内容与传播能力两个方面解析话语传播力指标。话语影响力评价指标从话语受众的内容反馈中挖掘，包括主题影响、情感影响和行为影响。危机应对力重点测度高校对网络舆论的正向导向能力，包括正面舆论热点生产力和负面舆论危机应对能力两个方面，具体指标根据舆论引导的"时、度、效"要求在网络舆论的产生、传播与应对过程中提取。最后，结合文献调研确定了评价指标体系。

（3）对新媒体环境下高校网络舆论引导力评价模型进行研究。首先，提出了新媒体环境下高校网络舆论引导力评价模型的构建目标与原则。其次，设计了各评价指标的量化方法，包括基于情感分析方法的情感值相似度指标、结合word2vec与余弦相似度的主题相似度指标和基于专家咨询方法的负面舆论危机应对能力评价指标等。最后，根据评价需求设计了多方法融合的评价模型，包括基于描述性统计与相关分析的指标数据特征分析、结合因子分析与主成分分析的单维度评价、基于聚类分析的综合评价和融合BP神经网络的权重计算与评价。

（4）对新媒体环境下高校网络舆论引导力评价模型进行实证分析。以新浪微博为例，对指标进行遴选，共包括3个维度23个指标。以一定数量的高校样本为例进行实证分析，验证了评价模型的可行性。首先对话语传播力、话语影响力和危机应对力进行单维度评价，发现高校话语传播力以传播广度与传播深度为重要体现，主题情感影响与行为影响得分之间具有明显差异，负面舆情事件较之于正面事件具有更高的热度、持续时间与热搜排名。依据高校网络舆论引导力综合评价结果，可将高校分为四种类型。评价结果与人民网舆情数据中心发布的中国高校社会影响力排行榜相关度极高，一定程度上佐证了评价模型的可靠性。此外，基于BP神经网络的高校网络舆论引导力评价模型准确率高，并且具有效率高、自学习、大数据处理、预测等优点，为构建大数据分析与预测的评价系统提供了思路。最后基于评价过程与结果提出了高校网络舆论引导力建设建议。

以上研究及相关结论为我国网络舆论引导力研究与高校评价研究的理论与方法创新提供了案例借鉴，同时对推动高校网络舆论引导力建设，促进高校交流互动、校园文化发展具有重要意义。

李新来

2024年6月

目录

1

导论

新媒体平台正在代替电视、广播、报纸等传统媒介成长为新形势下的舆论主阵地。以新媒体为载体的网络舆论场呈现多元融合与博弈的特点，对当前网络舆论生态产生了深远影响，网络舆论引导力的重要性更加凸显。党的十九大报告提出要高度重视网络传播活动和网络舆论工作，融合发展传统媒体与新兴媒体，牢牢把握网络话语权，巩固网络舆论阵地①。党的二十大报告进一步提出"巩固壮大奋进新时代的主流思想舆论""加强全媒体传播体系建设，塑造主流舆论新格局"。面向多元融合的新媒体环境和以青年学生为主的网民结构，高校作为高素质人才的培养场所，加强其在网络空间的舆论引导力具有强烈的客观必然性与时代迫切性。一方面高校应顺应时代发展潮流，建立系统完善的新媒体平台，提供对外交流互动的窗口，传播校园文化，树立积极正面的高校形象②；另一方面新媒体环境下高校舆情事件频发要求高校把握舆论导向，掌握舆情治理的舆论引导力与主动权，维护网络舆论安全。

科学合理的评价体系对于高校网络舆论引导力建设具有重要意义。从古至今，评价都是人类社会发展中不可或缺的部分，在现代社会中的作用越来越重要，具有判断、预测、选择、导向、诊断、激励及资源合理配置等功能③。本书基于高校网络舆论引导力的形成机制揭示了评价维度，基于新媒体环境的特征与影响构建了评价指标体系，确立了评价模型。该评价研究提供了高校网络舆论引导力的量化思路，对指导高校网络舆论引导力的建设意义重大。此外，高校网络舆论引导力评价体系的建立还将促进高校评价工作的多元发展，丰富和完善舆论引导力评价理论与方法。新媒体环境下的高校网络舆论引

---

① 刘奇葆. 加快推动传统媒体和新兴媒体融合发展 [N]. 人民日报，2014-04-23（6）.
② 陈婧，陈全义. 高校新媒体如何提高传播力和影响力——以华南师范大学"晚安华师"为例 [J]. 传媒，2019（12）：67-68.
③ 马维野. 评价论 [J]. 科学学研究，1996（3）：5-8；80.

导力评价研究紧跟时代发展潮流，满足国家重大战略发展需求，具有重要的理论和现实意义。

1.1　研究背景与研究意义

1.1.1　研究背景

1）党和国家高度重视网络传播活动和网络舆论工作，建设高水平网络话语权体系成为国家战略需求和政策导向

意识形态工作担负着巩固全党全国各族人民团结奋斗共同思想基础的历史重任。面对国际社会错综复杂的思潮，长期以来，党和政府以宣传思想工作为抓手将意识形态工作作为国家治理的重要组成部分。近年来随着民族复兴的稳步推进，我国面临的国际政治环境不断恶化，党中央进一步将增强意识形态领域的舆论引导力上升到国家战略。2013年习近平总书记指出要牢牢掌握意识形态工作的领导权和话语权[①]，此后在多个场合对此进行强调。新闻舆论是意识形态工作的重要载体。互联网时代新闻舆论的生产、传播、呈现逐渐转移到网络空间，网络舆论引导力成为话语权争夺的核心领域。党的十九大报告提出要高度重视网络传播活动和网络舆论工作，融合发展传统媒体与新兴媒体，牢牢把握意识形态话语权，巩固网络舆论阵地。党的二十大报告进一步提出"巩固壮大奋进新时代的主流思想舆论""加强全媒体传播体系建设，塑造主流舆论新格局"。在全国宣传思想工作会议上，习近平总书记明确指出网络空间管理工作的重要性[②]，对主流媒体的"新媒体化"提出要求。此外，习近平总书记还多次在国际

[①]　习近平. 习近平谈治国理政［M］. 北京：外文出版社，2014：153-156.
[②]　习近平. 胸怀大局把握大势着眼大事 努力把宣传思想工作做得更好［N］. 人民日报，2013-08-21（1）.

大会上"发声",强调网络空间建设与治理的重要性,提出网络空间治理"倡议"①,全球互联网治理体系变革"原则"②和共同构建网络空间命运共同体"主张"等③。党和政府的一系列报告、文件表明了我国在网络舆论引导力问题上的坚定立场和理想愿景,彰显了网络舆论引导力建设在党的意识形态工作中的重要地位。

2)高校肩负立德树人重要使命,高校网络舆论引导力建设面向中国高等教育全面提升的国家宏观战略,是维护国家意识形态安全的时代需求

高校是意识形态工作的前沿阵地,是人才培养的重要基地,肩负着立德树人的重要使命。在移动互联网时代,高校承担的立德树人、知识输出、价值导向、思政教育等职责和职能的实现需要以提升高校网络舆论引导力为前提和必备条件。党中央、国务院高度重视高校思政教育工作,出台了《关于进一步加强和改进新形势下高校宣传思想工作的意见》《关于加强和改进新形势下高校思想政治工作的意见》④等系列文件,提出壮大高校主流意识形态舆论、加强高校宣传阵地、强化教育和价值引领、推进高校思政工作改革创新等时代要求。此外,党中央还敏锐地注意到了新媒体时代大学生意识形态和思想政治工作的新变化。习近平总书记指出掌握网络舆论场的主动权要基于青年群体的网络行为特征进行调整⑤。高校网络舆论引导力建设是新时代党和政府建设具有中国特色、时代特征的话语体系的重要组成部分,也是进一步增强当代大学生理论认同、政治认同、情感认同

① 习近平. 在第二届世界互联网大会开幕式上的讲话 [N]. 人民日报, 2015-12-17 (2).
② 钟声. 共同推进网络空间全球治理 [N]. 人民日报, 2019-10-23 (3).
③ 吴楠, 段丹洁. 携手共建网络空间命运共同体 [N]. 中国社会科学报, 2019-10-25 (1).
④ 中共中央, 国务院. 关于加强和改进新形势下高校思想政治工作的意见 [EB/OL]. (2017-02-27) [2024-09-25]. http://www.gov.cn/xinwen/2017-02/27/content_5182502.htm.
⑤ 习近平. 胸怀大局把握大势着眼大事 努力把宣传思想工作做得更好 [N]. 人民日报, 2013-08-21 (1).

的历史使命所在。

近20年来，我国高等教育取得长足进步，“双一流”建设对我国高等教育提出了更高要求。2015年《统筹推进世界一流大学和一流学科建设总体方案》①提出要“形成推动社会进步、引领文明进程、各具特色的一流大学精神和大学文化”。2017年《统筹推进世界一流大学和一流学科建设实施办法（暂行）》②对“双一流”建设的深化提出要求；同年党的十九大报告指出要加快一流大学建设。2018年《关于高等学校加快“双一流”建设的指导意见》③发布，“双一流”成为继“985工程”“211工程”之后又一“提升中国高等教育综合实力和国际竞争力”的国家战略。《“双一流”建设成效评价办法（试行）》将高校思政教育、文化创新与传承作为高校“双一流”建设成效的重要评价方面，提出要综合考察塑造大学精神及校园文化建设的举措和成效以及校园文化建设引领社会文化发展的贡献度。

新时代我国高等教育的建设任务已经发生了本质性变化，要实现从做大向做强发展。党和国家从宏观战略上对高校大学文化建设与国际影响力提出了新要求，指出“双一流”建设要“切实提高我国高等教育的国际竞争力和舆论引导力，树立中国大学的良好品牌和形象”。从推动中国高等教育全面提升的国家宏观战略角度出发，建设高校网络舆论引导力已经成为“双一流”大学建设的重要内涵。从维护国家意识形态安全的角度出发，高校网络舆论引导力是国家意识形态舆论引导力组成部分，建设高校网络舆论引导力是国家宏观发展战略

① 国务院．国务院关于印发统筹推进世界一流大学和一流学科建设总体方案的通知[EB/OL].（2015-10-24）[2024-09-25]. http://www.moe.gov.cn/jyb_xxgk/moe_1777/moe_1778/201511/t20151105_217823.html.

② 教育部，财政部，国家发展改革委．教育部 财政部 国家发展改革委关于印发《统筹推进世界一流大学和一流学科建设实施办法（暂行）》的通知[EB/OL].（2017-01-24）[2024-09-25]. http://www.moe.gov.cn/srcsite/A22/moe_843/201701/t20170125_295701.html.

③ 教育部，财政部，国家发展改革委．教育部 财政部 国家发展改革委印发《关于高等学校加快“双一流”建设的指导意见》的通知[EB/OL].（2018-08-20）[2024-09-25]. http://www.moe.gov.cn/srcsite/A22/moe_843/201808/t20180823_345987.html.

任务。

3）新媒体平台成为网络舆论引导力争夺主阵地，新媒体环境下高校网络舆论引导力建设机遇与挑战并存

以移动互联网应用为代表的新媒体发展势不可当，逐渐成为网络舆论引导力争夺的主要场域。近年来以微博、微信、微视频、手机客户端等为代表的新媒体成为当代青年学生应用最广泛的媒体形态。随着 5G 时代的来临和新媒体技术的发展，高校信息传播与舆论阵地转移趋势更加明显。据 2020 年微博用户发展报告统计，微博用户中 90 后、00 后占比高达 80%，2020 年 9 月微博月活跃用户数达到 5.11 亿[①]，2019 年 9 月微信月活跃账号数为 11.51 亿[②]。截至 2021 年 2 月，我国网民规模破 10 亿，其中 90% 以移动互联网接入。另外，替代计量学（Altmetrics）的发展也证实了社交媒体等对科研成果和学术思想的传播产生了重要影响，成为非正式科学交流的重要表现形式，深刻影响着科研管理与科技政策。新媒体环境下加强高校在网络空间的舆论引导力成为时代发展需求。

新媒体技术的发展及移动应用的普及拓展了网络舆论引导力空间，高校网络舆论引导力建设面临新机遇。高校对新媒体的应用对高校舆论影响力、社会影响力、学术成果宣传、品牌建设等发挥了巨大作用，极大地推动了高校网络舆论引导力建设。当前网络技术日新月异，信息传播载体更加多样，信息内容形式更加丰富。青年学生借助弹幕网站、直播平台、知乎问答社区、微博、微信等新平台进行互动交流。为了跟上时代发展需求以及受众现实需求，高校也纷纷推进高校微博、高校微信公众号、高校抖音账号、头条号、B 站视频号等信

---

① 新浪微博数据中心. 微博 2020 用户发展报告 [EB/OL].（2021-03-12）[2024-09-25]. https://data.weibo.com/report/reportDetail？id=456&sudaref=www.baidu.com.
② 初萌未来. 2019 微信年度报告 [EB/OL].（2021-01-21）[2024-09-25]. https://zhuanlan.zhihu.com/p/103018462.

息传播平台建设，并取得了一定成效。以微博、微信为代表的新媒体成为了高校的重要发声渠道。新媒体环境下话语传播方式更加多样，话语内容更加丰富，网络行为规范不断完善，青年学生的主体地位更加凸显。这些使得高校网络舆论引导力的阵地建设、内容建设、队伍建设和制度建设水平都得到不断提升。

新媒体技术彻底打破了传统校园媒体的时空界限，给高校网络舆论引导力建设带来了新挑战。在高校新媒体平台建设过程中，依旧存在着内容匮乏，传播方式落后等问题。新媒体技术的发展对高校信息宣传工作提出了更高的要求，如高校需要具备信息采集与处理、信息加工与分析等能力。新媒体的普及与发展使高校舆论场与外界舆论场紧密相连，高校网络舆论引导力面临着西方强势话语侵袭、多元社会思潮碰撞以及舆论危机等困境。而这些困境对青年学生的思想成长和三观养成造成了深远影响。争夺网络舆论引导力就是争夺新时代青年的思想，争夺国家民族未来发展方向。面对飞速发展的新媒体技术和新生代大学生，高校网络舆论引导力建设需要适应时代发展需求，以文化魅力、学术知识、正确价值观获取话语受众的接受与认同。加强高校在虚拟社区的传播力、影响力及引导力迫在眉睫。

4）网络舆论引导力评价是新媒体时代高校思政教育与宣传工作的迫切需求，对于提升高校网络舆论引导力建设和国家网络话语权水平具有重要意义

高校作为高素质人才的培养场所，加强其在网络空间的舆论引导力具有强烈的客观必然性与时代迫切性。一方面高校应顺应时代的发展潮流，建立起系统完善的新媒体平台，传播校园文化，提供对外交流互动的窗口，提高对外宣传效果，树立积极正面的高校形象。另一方面新媒体环境下网络舆论产生与传播模式发生巨大变化，高校要牢

牢掌握住网络舆论引导力与主动权，引导网络舆论方向，促进校园文化对社会文化发展的引领，巩固网络舆论阵地。校园文化引领社会文化发展不仅是双一流建设成效的评价标准，也是维护国家意识形态安全的重要部分，体现了新媒体环境下高校网络舆论引导力建设的时代需求。

对高校思政教育及文化引领建设成效进行科学合理评价一直是学界的研究热点与难点，对高校网络舆论引导力的评价也是如此。目前文献主要是从理论层面对高校意识形态舆论引导力和思政教育舆论引导力进行研究，而新媒体环境下高校网络舆论引导力的现实境遇、形成机制、影响路径及量化等方面仍存在较大研究空间。面向新媒体舆论场的高校网络舆论引导力受到多种因素的影响，有待高校进一步改进。鉴于此，本书提出新媒体环境下高校网络舆论引导力评价研究，对新媒体环境下高校网络舆论引导力的内涵、产生与转化机制、构成要素进行解析，借助科学计量、数据分析等方法构建评价模型，以期为新媒体环境下高校网络舆论引导力建设提供理论指导与参考建议，同时也为教育部门及高校主管部门的管理与建设工作提供量化数据的参考与引导。

1.1.2　研究意义

1）理论意义

（1）揭示新媒体环境下高校网络舆论引导力的内涵与形成机制，丰富网络舆论引导力理论体系。新媒体改变了信息传播模式和网络舆论环境，促使网络舆论引导力格局和生态产生了巨大变革。新媒体环境下话语受众的地位及作用更加凸显。本书以高校网络舆论引导力为研究对象，基于新媒体环境下高校网络舆论引导力的特征及产生要素的变化，分析了新媒体环境下高校网络舆论引导力的生成与转化机制、构成要素及作用力，揭示了新媒体环境下高校网络舆论引导力的形成及要素。此外将信息传播理论、网络计量理论、数据分析与评价学理论与方法引入网络舆论引导力研究领域，研究了高校信息传播特征、网络舆论特征、受众行为的影响路径及作用机制。以上内容的深入系统研究丰富了网络舆论引导力的理论体系。

（2）构建新媒体环境下高校网络舆论引导力评价指标体系与评价模型，丰富网络舆论引导力评价理论与方法体系。习近平总书记多次强调要加快构建中国话语和中国叙事体系，形成具有广泛吸引力和影响力的"中国声音""中国见解"。面对当前复杂多变的国际国内舆论环境，构建健康网络话语体系，提升高校舆论导向和价值导向，巩固高校网络舆论引导力对于落实立德树人根本任务、办好中国特色社会主义大学具有重要意义，也是国家政策导向和战略部署要求。目前新媒体环境下高校网络舆论引导力的研究主要以定性方法从意识形态和思政教育视角进行理论探讨，缺乏相应的量化研究。本书基于高校网络舆论引导力的内涵、形成机制与现实生态，构建了新媒体环境下高校网络舆论引导力评价指标体系与评价模型。该评价体系结合情感分析、机器学习等方法优势对传统高校社会影响力评价指标进行扩展和体系重构，实现了多维度、多要素、多指标、多方法融合视角下的高校网络舆论引导力评价，丰富了网络舆论引导力评价理论与方法体系。

2）实践意义

（1）服务于建设高水平网络话语权国家战略，为掌握网络教育主动权及占领网络舆论主阵地提供理论指导。本书对高校网络舆论引导力内涵、形成机制、影响路径、作用机制的研究丰富了网络舆论引导力理论体系，拓展了网络舆论引导力研究视角，能够为国家网络舆论引导力建设相关政策的制定与实施提供理论支撑。面向国家网络话语权建设的重大战略需求，作为国家的职能部门和教育主体，高校网络舆论引导力建设是贯彻国家方针、践行国家使命的举措。高校网络舆论引导力工作的深入发展和长远进步，可以实现"以点带面"，提升整个社会和国家网络空间建设和治理水平，增强国家新闻舆论领导权和话语权。本书揭示了新媒体环境下高校网络舆论引导力评价维度及组成要素，构建了评价模型，丰富了网络舆论引导力评价方法研究，能够为国家和教育主管部门考察高校贯彻落实国家相关要求与精神、建设水平和成效提供参考，督导高校网络舆论引导力的建设。

（2）有利于高校网络舆论引导力建设，提升新媒体环境下高校网络思政教育效果。高校网络舆论引导力建设是目前新媒体背景下高校思政、统战、宣传工作的迫切需求。建设具有较高舆论引导能力的高校舆论引导力，充分发挥新媒体在高校人才培养、科学研究、社会服务、文化传承创新和国际合作交流等方面的作用和影响，是高校"双一流"建设的重要方面。同时，建设高质量的网络舆论引导力体系对于高校践行立德树人职责、办好中国特色社会主义大学具有重要意义，已经成为国家政策导向和战略部署对高校提出的新要求。本书基于新媒体舆论环境下网络舆论引导力生态的巨大变革，分析了新媒体环境下高校网络舆论引导力产生要素的变化、构成要素及作用力表征的新内涵，构建了新媒体环境下高校网络舆论引导力评价指标体系与评价模型。以上对高校网络舆论引导力理论与评价方法的研究，有利于提升高校在网络空间的传播力、影响力和引导力，实现新媒体环境下高校网络舆论引导力建设模式的转变，从而获得更广泛的受众群体的认同，增强高校网络舆论引导力建设的理论自信与制度自信，切实提高高校宣传工作的时效性，发挥校园文化对社会文化发展的引领作用。

1.2　国内外研究现状

新媒体环境下高校网络舆论引导力评价研究是一个跨学科的研究领域，集合了新闻传播学、社会学、思政教育、评价学等多学科领域的研究。文献梳理中发现与本书选题直接相关的国内外文献较少。本书根据选题需要，结合定量分析及定性分析，借助知识图谱分析工具从网络舆论引导力及网络舆论相关研究、新媒体环境下网络话语权与网络舆论相关研究、高校网络舆论引导力相关研究三个方面展开文献搜集，并进行归纳、分析与总结。文献数据来源包括中国知网、Web of Science 期刊数据库，读秀学术搜索图书数据库，谷歌学术、百度学术搜索引擎等。

1.2.1　网络舆论相关研究

目前对于网络舆论的定义主要分为要素说、过程说、意见说三大类。要素说学派认为网络舆论包括公众意见、公众、议题三种要素。过程说学派认为舆论是一种连续的过程，通过公众表达的心态、意见等信息对现实生活造成影响从而使意见达到相对稳定的状态。意见说学派认为网络舆论作为公众意见，是通过图像、语言、文字等具体可见的符号表达出来的意见、态度和情绪的总和[①]。

虽然目前对网络舆论的定义不完全一致，但是已经形成了一些共识，如网络舆论是公众性意见，也是群体共同行动的结果。王宝治从社会学角度将网络舆论与话语权力联系在一起，其认为社会组织以及群体具有强大的集体性力量，能够统一行使权力，因此公众性意见是

---

① 陈力丹，林羽丰. 再论舆论的三种存在形态［J］. 社会科学战线，2015（11）：174–179.

社会权力的一种表现。大众在网络平台通过话语表达积聚起来的公众性意见引导舆论走向，形成社会权力，争夺话语权。但在网络话语权平民化及大众化后也容易引起话语权极端化及话语失范的现象。因此，政府等相关主流媒体需要对集体权力进行制约，这也是争夺话语权的意义所在。

1.2.2　新媒体环境下网络舆论引导力相关研究

1）国外相关研究

国外与"网络舆论引导力"这一概念完全对应的文献较少，但是对于新媒体环境下的公众舆论研究文献较多，并且分析了新媒体环境下公众舆论对权力的影响。相关文献的共现网络如图1-1所示，结合图中高频关键词可以发现国外对新媒体舆论的研究主要集中在以下三个方面。

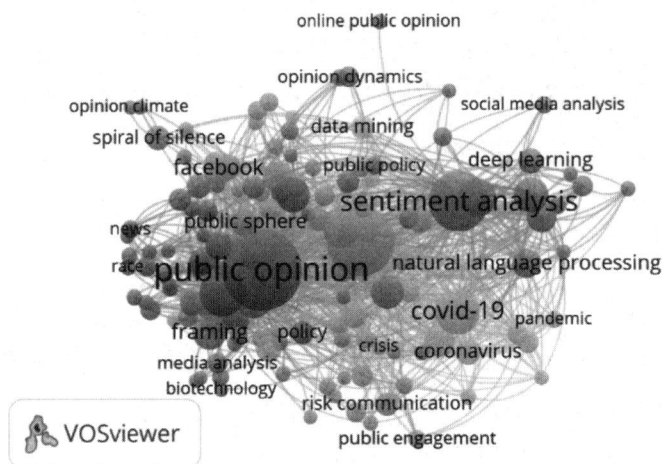

图1-1　国外新媒体舆论研究文献关键词共现网络

（1）对社交媒体中公众舆论的研究

从高频关键词中可以看到Twitter、Facebook、社交媒体等词汇。

这些新媒体平台改变了舆论产生与传播模式，因此较多文献基于新媒体平台研究公众舆论。Gozalvez 等从理论和批判的角度分析了以推特（Twitter）为代表的社交网络如何反映和塑造了公众舆论。Kwon 以早期谣言研究为理论框架，对 2013 年特殊时期传播的推特信息进行了内容和语义网络分析。Rosenkrantz 分析了使用推特来评估公众意见的可行性。Tavoschi 对意大利 2016 年 9 月至 2017 年 8 月期间在推特上有关疫苗接种的舆论进行意见挖掘与分析。Leong 采用沉默螺旋理论对 Facebook 平台上用户生成内容（UGC）进行研究，分析了表情符号的感知作用。从以上文献可以看出，国外文献比较关注社交媒体中网络舆论的分析和意见挖掘，从而研究公众对特定问题的意见，以及这些意见作为社会权力的表现形式对社会产生的影响。

（2）对信息技术的应用研究

高频关键词中出现了较多有关数据分析及意见挖掘的技术词汇，如情感分析、机器学习、大数据、文本挖掘、自然语言处理、深度学习、主题模型、数据挖掘等。从以上高频关键词可以发现较多文献采用数据挖掘技术对社交媒体舆论信息进行深度挖掘和分析，从而达到了解公众对特定事件的意见倾向和情感倾向的目的，或者实现网络舆情预警与监测。应用情感分析方法，学者们研究了公众政策相关舆论的情感倾向性，建立了上市公司的网络舆情演变模型。有文献基于机器学习方法对共享单车网络舆情、大学生舆情进行分析。有学者基于大数据构建网络舆情监测系统、构建生物技术领域的数字网络舆情动态图谱。还有学者采用 LDA 主题模型对政府应急相关舆情进行分析与评价，结合自然语言处理方法实现对公共政策舆论的预测与模拟等。

（3）研究社交媒体中公众舆论的政治功能

新媒体环境下舆论生态的变化对社会产生了重要影响，由此产生了一系列社会运动和社会危机。有学者从民主主义、政治参与角度对社交媒体的公众舆论进行分析，如对政治沟通（Political Communication）的研究。还有学者利用推特上有关总统大选、乌克兰公投、社会运动中涉及政治或者政策的公众意见进行挖掘。利用社交媒体数据预测选举结果是一个新的研究主题，Vepsalainen研究了Facebook上的"赞"在多大程度上可以用来预测选举结果。Min通过对比Facebook和KakaoTalk两种社交平台，发现社交媒体网络舆论的政治功能和社会影响力会因其平台特征而有所不同。

2）国内研究现状

国内对新媒体环境下网络话语权的研究文献较多，大多也涉及对网络舆论的研究。本书绘制了相关论文的关键词共现网络图，如图1-2所示。结合高频关键词分析，国内相关研究文献可以从以下三个方面进行归纳。

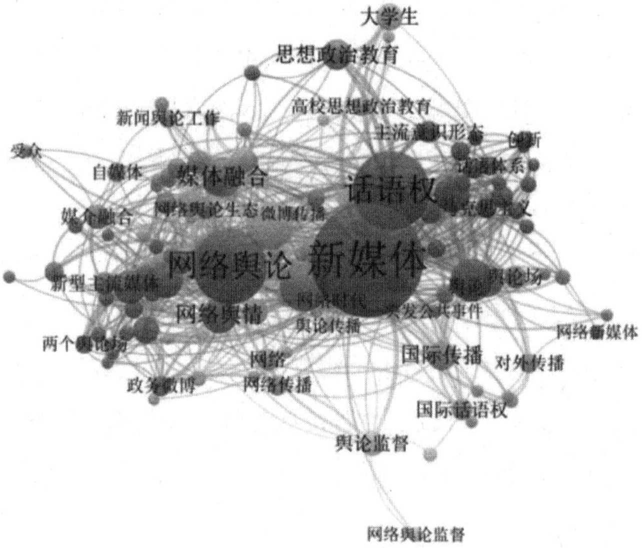

图1-2 国内新媒体环境下网络话语权研究文献关键词共现网络

（1）新媒体环境下网络话语权格局

新媒体技术赋予了普通网络用户在网络空间自由表达的权利以及影响他人和网络舆论的部分权力，促使传统话语权格局发生了本质改变。漆亚林和王俞丰认为移动传播的"去中心化"和"去边界化"改变了社会构型和传播逻辑，新技术、新文本、新场景颠覆了移动场域的话语权结构。朱燕丹和靖鸣提出新媒体作为不断发展的数字化互动工具，具有话语权力"再中心化"过程中的有限传播和网络狂欢状态下集群行为的在场性缺席特征。陈伟球指出新媒体环境下话语权的重新配置具有积极作用，同时也要注意由此引起的现实问题，如网民在拥有话语权后容易走向话语霸权等。戴骋和杨宇琦提出要反思技术赋权背后潜藏的隐性不公，警惕网络空间的群体极化现象。新媒体时代网络话语权格局的改变对以政府、高校、主流媒体为代表的在传统媒体时代拥有较高话语权的主体来说影响最大。李占乐提出在新媒体环境下，公众能够制约政府公共决策的根本原因是出现了由政府向公众的权力转移。敖永春指出媒介技术迭代环境下网络话语权呈现出话语权主体草根化、话语权主导弥漫化和话语权内容多变性等特征。

新媒体环境下网络话语权格局发生巨大变化，话语受众转变为用户，由技术赋权拥有了部分网络话语权，也使网络舆论环境呈现更加复杂多样的形势。我国主流意识形态话语权面临着巨大挑战。对外要加强国际网络话语权，引导国际舆论。对内要加强政府、主流媒体、高校等网络话语权，引导国内主流意识形态，抵御内外风险。较多文献研究了新媒体时代主流意识形态话语权面临的挑战。媒体融合场域下，主流意识形态话语权面临新的境遇，呈现新的价值维度，同时也面临多重挑战。刘宁和黄蜺指出尚未成熟的新话语体系与网民表达的张力出现了失衡，网络直播失范现象屡屡发生。刘艳萍指出社会主义核心价值观传播话语权面临来自世界历史进程中西方霸权话语的威胁与现代化进程中价值转型所产生的内部压力。

（2）新媒体舆论环境特征

新媒体改变了网络舆论环境，较多文献对新媒体所构建的网络舆论环境特征进行了分析，尤其突出了多元舆论场融合与博弈的特征。朱麟认为新媒体舆论环境是指网民通过各种移动设备或者 PC 设备表达自己真实民意的新舆论场。史册和刘国强认为移动互联网上的舆论场被称为新媒体舆论场，突出以社交图谱和兴趣图谱驱动信息流动的动态空间。杨礼雕认为新媒体环境下网络舆论具有传播基数宏大、传播模式交互、传播效应实时、传播效果追求认同等特殊属性。叶林峰认为新媒体舆论环境具有碎片化、开放性的特点。邵全红和王灿发认为新媒体舆论场依托近年来蓬勃发展起来的微信、微博、视频直播等社交媒体，反映了网民愿望、声音与诉求。马庆和杨欣晨认为当前我国的舆论传播格局中存在着"两个舆论场"，即以党报党刊、电台电视台、通讯社为主体的传统媒体舆论场和以网络为基础的新媒体舆论场。吴晓明认为新媒体环境下舆论表达边界缺乏立法规范，以致它的负面价值也日渐显现，因此需要加强舆论引导。从以上文献可以看出学者从各个角度揭示了新媒体环境下网络舆论特征，认为新媒体舆论环境下舆论场具有多元融合与博弈的特点。

近年来"两个舆论场"成为研究热点。"两个舆论场"最早由新华社原总编辑南振中提出，分别指社会公众的"口头舆论场"和新闻媒体的"舆论场"，之后学者对其研究热度持续升温。虽然其本意并不是指网络空间的舆论场，但随着网络技术的发展，学者们依然沿用这种表述，并且延伸了其原本的含义用来描述网络舆论的博弈状态，目前主要指"官方舆论场"和"民间舆论场"。也有学者提出"三个舆论场"，分为政府舆论场、媒体舆论场和大众舆论场。虽然舆论场的划分标准不统一，但由此可以看出一种失控的舆论状态，尤其是新媒体技术的发展加速了舆论场的多元化和相互竞争，瓦解了传统媒体的话语权。张征认为"两个舆论场"已经脱离了舆论包含的学理概念，更多的是代表不同"意见"场的对立状态。方雪琴认为新媒体环境下，公众利用新媒体平台形成了相对独立的话语空间，体现了和官方舆论场的融合与竞争的趋势。

（3）新媒体环境下的舆论引导相关研究

新媒体环境下网络舆论特征增加了舆论引导的难度，也凸显出舆论引导的必要性与重要性。刘安祺认为舆论引导是主流媒体的重要职责，要加强主流媒体的舆论引导力。吴敏提出要辩证地看待新媒体在舆论引导中的积极和消极作用。李明德等认为新媒体时代公众舆论的理性表达能促成公众参与意识的觉醒，降低了舆论引导的难度。

新媒体改变了舆论产生与传播方式，重大突发舆情事件频发，对社会造成了重大影响，因此重大突发事件中舆论引导研究成为众多学者关注的问题。新媒体环境下的舆论传播能够打破传统媒介议程设置的限制，同时也容易导致政府对谣言信息管制的失控。王德胜等以个案研究发现主流话语的及时有效回馈是促进舆论健康良性运行并实现公民权利的基本保障。冯宏良提出要加强官方与民间两个舆论场的良性互动，一方面官方舆论场要及时呼应、避免缺场和失语，另一方面主流媒体要实现与网络新媒体技术深度融合。齐亚宁提出主流媒体需要掌握舆论主导权，提升舆论引导力。任景华认为政府需要对新媒体环境下舆情事件不同阶段的特点进行分析，从而提出对策。梁小建认为在新媒体信息传播场域中，主流媒体应为社会文化传播提供框架。

1.2.3　高校网络舆论引导力相关研究

1）国外高校网络舆论相关研究

基于网络舆论与网络话语权的关系研究，国外文献对高校网络舆论相关研究较多，也有文献通过对高校网络舆论的研究分析其对话语权力的影响，主要包括以下几个方面。

（1）通过社交媒体活动来研究大学生行为与心理特点

随着技术发展及社交媒体的广泛应用，社交媒体对高校教育的影响越来越大，对高校学生社交媒体活动的研究能够辅助判断学生行为或者心理状态特点。调查发现，大学生对社交媒体上的虚假信息辨别能力较差，加强高校学生的媒介素养十分必要。Valerio通过对250名马德里大学生Facebook账号中的"Like"页面来分析他们的喜好和性格特点。Moreno等通过评估大学生在Facebook上披露的符合DSM标准的抑郁症状信息识别出了具有抑郁症心理疾病的学生。Kose和Dogan提出了评价青少年社交媒体成瘾的心理维度，发现社交媒体成瘾程度随着Instagram粉丝数量的增加而加重。Bigsby等将运动员个人的招募活动数据与社交媒体数据相结合，预测了运动员的择校偏好，帮助教练有效分配招聘资源。

（2）基于新媒体的大学评价新视角

大学排名一直都是高等教育领域的研究热点，引起了广泛关注，并对利益相关者产生了显著影响。新媒体的发展为大学评价提供了新的视角。大学生的情感态度可以通过社交媒体平台展现出来，有学者基于社交网络评论内容识别学生对学校管理活动满意度，还有学者基于推特评论对学校日常教学活动评价。Meseguer等探讨了大学排名和网络视频之间的关联，并使用PLS-SEM技术进行了实证测试，结果表明科研绩效与网络视频影响之间的正相关关系仅限于最负盛名的大学，高校网络视频导向起到正向调节作用。

（3）高校网络舆情与舆论引导相关研究

新媒体环境下，高校网络舆情事件频发，因此需要加强高校网络舆情事件中的舆论引导。Zhao认为网络舆论能够影响学生行为，甚至引发安全问题，因此需要全面了解高校网络舆论，有效实施高校思想政治教育。Hu对大学生网络舆情中羊群效应的形成机制及影响因素进行了深入研究。Nan以微博为例构建了智慧校园舆情监测平台。Wen对高校网络舆情事件的演化博弈进行了分析。Nie提出了社会网络舆情传播模型，并运用异质平均场理论来描述，研究了大学生心理健康对信息传播过程的影响。Liu等通过对心理危机指标的调查，探讨了大数据技术在当前心理管理系统中的应用。Wang探讨了新冠病毒感染影响下大学生教育的网络舆论及对策。

（4）大学生舆论调查

对国外研究梳理可以发现，国外对相关政策的公众舆论调查非常重视。很多学者非常关注大学生对相关政策的看法以及公众对校园政策的意见。Mancini等调查了公众舆论对校园性侵犯罪政策的意见。Harris和Van以509名大学生为研究对象，研究了作为社会潜在影响成员的大学生对公共部门腐败的看法。Celikdemir提出根据舆论形成过程定义可持续大学。Ninorodriguez从场域理论出发分析了墨西哥伊达尔戈州大学生舆论意见的形成过程与特征。Rinfret等以体验式学习为描述框架，说明为期一年由学生主导的民意调查体验（Big Sky Poll）如何提高学生的社会科学和数据流畅性技能。Gavilan认为社交网络是使用社会权力的一种工具，新形式的数字传播在增强青年学生权能方面可能存在差异。

2）国内高校网络舆论引导力研究现状

国内学术论文主要从高校思想政治教育及意识形态视角研究高校网络舆论引导力，研究主题包括以下几个方面。

（1）从主流意识形态和思政教育视角研究高校网络舆论引导力的重要性及提升策略

互联网时代，新兴话语借助新媒体网络平台，给高校思想政治教育提供了广阔空间，同时也带来了诸多挑战。在思政教育活动逐渐从现实空间向虚拟空间转移的背景下，高校网络思想政治教育话语权出现了受教育者话语权利意识泛化、话语权力关系失衡、话语主控权弱化等现实困境。

学者们从不同角度提出了增强网络思想政治教育舆论引导力的提升策略。邓鹏和陈树文提出从创新网络话语、优化网络传播、引导网络舆论、强化媒介素养四个方面重塑网络话语场路径。杨洋和胡近认为高校应当强化网络空间的治理能力、加强话语主体能力培养和队伍建设。齐俊斌认为亟须推进主流意识形态话语体系与时俱进。张荣和王晓飞认为新形势下，只有将思想政治教育工作与互联网相结合，才能把握高校思想政治教育舆论引导力，引导学生树立正确的思想观念、政治观点、道德规范。林梵提出彰显网络舆论引导力需要拓宽宣传普及载体，创新评价机制。陈雄军和苏景荣提出从加强队伍建设、创新教育活动、推进认同建构、强化共同信念来达成高校网络思想政治教育舆论引导力的整体性目标。

新媒体平台成为提升高校辅导员舆论引导力的手段和媒介，学者们从高校辅导员话语权角度对网络思想政治教育话语权进行了研究。刘运显和舒大凡认为可以借助高校新媒体提升高校辅导员话语权，也应该重视话语权转换与宣传。谢群认为高校辅导员要顺网络语言之势而为，从维护好权利、运用好权力、树立好权威三条路径构建网络思想政治教育话语权。李洪雄从学生视角出发，探讨大学生网络话语权模式下的高校舆情引导策略，包括建立师生网络舆论场，发挥意见领袖作用等。

（2）网络舆情中高校网络舆论引导力的重要性

新媒体的兴起给高校舆情应对与治理带来了极大考验和挑战。当下高校舆情事件具有关注群体年轻化和社群化、内容碎片化和多元化、表达方式负面化和情绪化等特征。相关网络舆情的研究主要分为两个方面：一方面从理论出发，通过对新媒体环境下高校网络舆情特点及规律的分析提出对策和建议。另一方面从实践出发，通过数据分析与方法创新，构建高校网络舆情预警模型，为舆情防控与舆论引导提供建议。

高校突发事件网络舆情传播具有从"强关系"到"弱关系"的特殊性，依托新媒体便捷的传播渠道，敏感消息能够快速进入高校，吸引学生关注。通过对新媒体平台上的高校网络舆情形成机制与模式、传播特征与路径分析，高校可以从网络舆情监管、研判、反应、引导等多方面建立干预机制。

高校网络舆情的防控需要依托舆情监测与预警系统。姜赢等通过规则标记、检测与校正技术实现了高校微博敏感信息的识别、采集、检测与引导。通过特征加权方法，贾隆嘉等解决了高校新浪微博主题分类研究所面临的高维性和稀疏性问题。柳向东等构建了影响力预测模型，对高校网络舆情进行情感分析。

（3）高校通过新媒体平台进行话语转换

新媒体时代的大学生站在知识和信息的最前沿，具有更强烈的话语表达欲望。新媒体也为他们提供了自由表达的渠道和平台，能够充分行使自己的话语权。付卓婧和孙磊探讨了互联网空间高校学生话语权法律保障与舆论引导的平衡问题。吴智军认为高校应充分发挥自媒体的正面作用，引领正面舆论。罗丽琳在梳理总结"西政人论坛"现状和"人人网"优势的基础上，提出了包括明确主要功能、尊重网络话语权、整合现有资源、开拓新内容、加大建设投入与加强官方监管等在内的应对措施。赵明炬提出高校要树立媒介舆论引导力，完善大数据管理机制，提升运用社会化媒体的能力。

近年来，高校纷纷开通官方新媒体账号进行对内对外的信息传播。利用新媒体分散传播与时间碎片化的特点，高校官方新媒体账号的内容和影响力正在逐渐扩大，向专业传媒、主流媒体及社会大众靠近。高校新媒体可以根据受众的媒介使用习惯进行推广与维护，为高校建立与学生、社会大众沟通的渠道。不过当前高校新媒体的运营维护仍然存在影响力不足、活跃度偏低、互动性较弱等问题。新媒体环境下高校可以从矩阵建设、话语体系、互动推广等方面全方位着力，提升亲和力和影响力。

1.2.4　研究述评

通过对网络舆论与网络话语权的关系、新媒体环境下网络话语权、高校网络话语权三个主题的国内外相关文献综述发现，目前对于以上单独主题的研究文献较多，并形成了一些共识，包括但不限于：网络舆论与网络话语权联系紧密，网络舆论形成的公众性意见能够产生巨大影响，是社会权力的体现；网络舆论引导力的形成具有复杂性，主要包括话语要素及其相互作用；新媒体改变了信息传播模式，使网络舆论环境呈现多元舆论场融合与博弈的特征；新媒体环境下高校网络舆论引导力建设的重要性凸显，且主要从意识形态和思政教育角度进行理论探讨。然而在网络技术发展的不同阶段，高校网络舆论引导力建设和发展面临不同的境遇。目前所处的新媒体环境下高校网络舆论引导力建设依然面临新问题，有待进一步探讨和解决。

1）既有研究成果的贡献

目前对于新媒体环境下高校网络舆论引导力包含的核心问题研究较多，且形成了相关文献与成果。现有研究成果的贡献主要体现在以下方面：

（1）开辟了高校网络舆论引导力的基本论域。"高校网络舆论引导力""高校意识形态舆论引导力""高校学生网络舆论引导力"等相关研究从无到有，尤其是在最近几年成果渐多，也逐渐注意到新媒体舆论环境中的新变化，并对新媒体环境下相关问题进行了研究。目前不少学者从整体上、宏观上提出了观点和看法，开辟了高校网络舆论引导力的基本论域，为本书和以后的深入系统研究奠定了基础。

（2）一些重点方向研究成果较多。学者们普遍意识到，新媒体环境下信息传播模式的改变和网络舆论传播特征对网络舆论引导力格局产生了巨大影响，公众在获得网络话语权的同时挤占了政府、高校及主流媒体的网络舆论引导力，故在"网络舆论引导""话语体系创新""新媒体平台建设"以及"网络信息传播"等方面研究较多，并产生了系列研究成果。

（3）为现实问题的解决提供了理论支撑。"高校网络舆论引导力"研究不仅仅引起学者重视，同时也与高校宣传和教育部门的现实管理工作息息相关。随着大量高校进驻"三微一端"等新媒体平台，以上相关文献为深化高校网络宣传、网络教育以及网络舆论引导等工作提供了理论支撑。

2）既有研究成果的不足

高校网络舆论引导力建设成为了传播学、高等教育、思政教育、情报学等学科领域的研究热点之一，但该领域的研究仍然处于起步阶段或者发展阶段，在系统及深入研究方面还缺乏具有高度和深度的研究成果。具体存在以下几个方面的不足，值得进一步探讨。

（1）对新媒体环境下高校网络舆论引导力的产生与转化机制、构成要素等的深入系统研究有待提升。从目前文献上看，当前对新媒体环境下高校网络舆论引导力的专题性探索还处于初期阶段，理论专著较少。目前对高校网络舆论引导力的研究分散在"高校网络意识形态舆论引导力""高校辅导员舆论引导力""高校网络舆论引导""高校新媒体传播""高校网络思政教育舆论引导力"等多个主题中。上述主题属于高校网络舆论引导力研究的重要部分，研究内容在深层逻辑上有必然联系。因此从统一视角深入系统地对高校网络舆论引导力的本质内涵、产生与转化机制、构成要素等方面进行剖析有助于研究主题与方向的聚焦。

（2）新媒体环境下话语受众对高校网络舆论引导力的影响路径及作用机制的深入分析有待加强。新媒体环境下高校网络舆论引导力建设面临新机遇与新挑战。打造新媒体宣传平台、提高舆论引导力、获取网络舆论引导力成为各大高校的共识。新媒体环境下呈现多元舆论场融合与博弈的特点，且青年学生主体性地位更加明显。目前新媒体环境下高校网络舆论引导力研究是自上而下的模式，较少有从"受众本位"的视角对高校网络舆论引导力的影响路径及作用机制的分析。另外网络舆情相关研究较多，有学者将网络舆论引导和高校话语权相联系，但是二者之间缺乏研究路径与理论框架。以上内容有助于挖掘影响高校舆论引导力的关键因素，从而为新媒体环境下高校网络宣传与网络舆论引导提供参考。

（3）研究方法与学科视野有待丰富。目前对于新媒体环境下高校网络舆论引导力研究以定性分析为主。在选题和研究视角上以宏观理论推演和分析为主，较少有结合中观及微观数据对现实生态的分析。主要是从传播学和思政教育学科进行研究，而对心理学、社会学等学科领域切入不够。新媒体环境下，用户行为及生成内容蕴含意见和态度，为网络舆论引导力的量化评价提供了数据来源，而机器学习、数据分析、情感分析等技术为高校网络舆论引导力的量化评价提供了技术支撑。高校网络舆论引导力建设正处在从传统模式向现代传播转变的阶段，对于新媒体环境下高校网络舆论引导力的评价也应该根据这一阶段的特点做出一定改变。评价学视角为网络舆论引导力提供了量化评价思路，新媒体环境下高校网络舆论引导力评价应该综合考虑多种异构数据、跨学科理论及多种方法融合，实现科学合理评价。

基于上述背景，本研究从评价学视角切入，对新媒体环境下高校网络舆论引导力的评价理论与方法进行了深入系统研究，并从多维度、多指标、多方法融合视角对新媒体环境下高校网络舆论引导力进行了实证研究。本研究不仅拓展了网络舆论引导力的研究视角，同时丰富、扩展和完善了网络舆论引导力评价理论、方法和应用体系。

1.3　研究内容、思路与方法

1.3.1　主要研究内容与研究框架

1）主要研究内容

基于新媒体舆论环境特点，高校网络舆论引导力的建设重点在于话语权力彰显。校园文化引领社会文化发展不仅是双一流建设成效的评价标准，也是维护国家意识形态安全的重要部分，体现出了高校网络舆论引导力建设的时代需求。新媒体环境下高校网络舆论引导力建设面临着新机遇与新挑战，新媒体技术的发展拓展了高校对外宣传与交流互动的渠道，网络舆情事件的频发也凸显了高校舆论引导的重要性和艰巨性。高校网络舆论引导力评价理论与方法的研究能够为新媒体环境下高校网络舆论引导力建设提供理论指导、数据支撑和参考。

本研究聚焦于新媒体环境下高校网络舆论引导力的形成机制揭示、评价理论与方法构建。全书围绕以下主要问题展开研究：新媒体环境下高校网络舆论引导力的内涵、形成机制产生了什么变化？新媒体环境下高校网络舆论引导力评价具有什么特殊性？如何进行量化评价？基于此，本书首先揭示了新媒体环境下高校网络舆论引导力的形成与要素，包括高校网络舆论引导力的内涵阐释、新媒体环境下高校网络舆论引导力产生要素变化、构成要素及作用力表征新内涵；其次基于形成机制与新媒体环境的影响提出了高校网络舆论引导力评价指标体系，包括新媒体环境下评价维度及指标的萃取路径，评价指标体系的构建；再次基于评价指标体系构建了评价模型，包括具体评价指标的设计与量化、评价方法的设计；最后在评价模型的基础上选择高校样本进行实证分析，并提出建议。

2）研究框架

本研究在已有研究的基础上，遵循"理论—方法—应用"的思路将新媒体环境下高校网络舆论引导力评价及提升路径研究分为7章。具体安排如图1-3所示。

第1章为导论。本章首先介绍研究背景与研究意义。其次系统梳理了国内外有关网络话语权及网络舆论、新媒体环境下网络舆论引导力、高校网络舆论引导力的相关研究进展，归纳了目前新媒体环境下高校网络舆论引导力研究的贡献与不足。最后提出了本书的主要研究内容、研究思路、研究方法与研究创新点。

第2章为相关理论基础。本章对核心概念和相关理论基础进行了系统的阐述与分析。首先基于网络舆论引导力的内涵和新媒体环境的影响分析了新媒体环境下网络舆论引导力特征。其次对高校网络舆论引导力研究的相关理论基础进行梳理，包括高等教育学理论、信息传播理论与话语权理论。最后对网络舆论引导力评价相关理论与方法进行梳理，主要包括评价学理论与方法、网络计量学理论与方法。

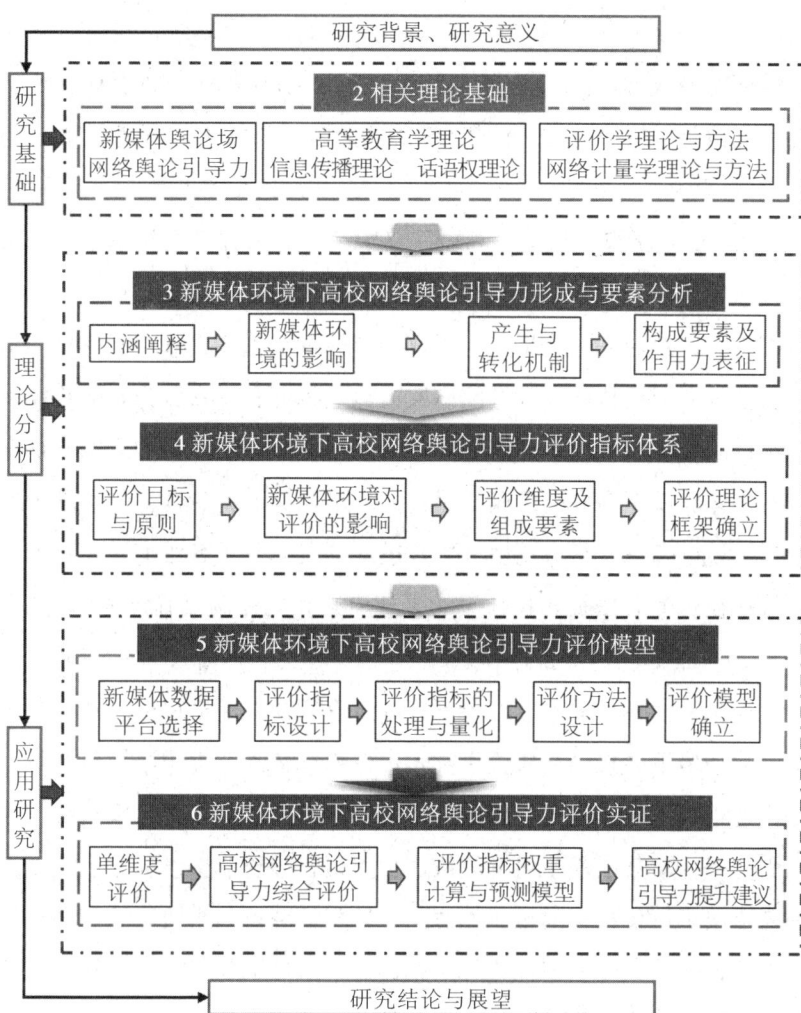

图1-3 章节框架图

第3章为新媒体环境下高校网络舆论引导力形成与要素分析。首先阐释了高校网络舆论引导力的内涵,界定了高校网络舆论引导力的概念,并厘清了高校网络舆论引导力的类型、特点与结构。其次分析了新媒体环境对高校网络舆论引导力的影响,包括新媒体环境下高校网络舆论引导力特征、产生要素变化及建设必要性。再次研究了新媒体环境下高校网络舆论引导力的产生与转化机制，包括产生要素及关系、生成路径与转化机制。最后分析了新媒体环境下高校网络舆论引导力的构成要素，包括话语传播力、话语影响力与危机应对力。

第4章为新媒体环境下高校网络舆论引导力评价指标体系。本章基于新媒体环境对高校网络舆论引导力评价的影响提出了评价指标的解析路径，结合文献调研确立了评价指标体系。首先基于新媒体环境下高校信息传播特征、高校网络舆论热点特征、受众行为影响路径及作用机制分析了新媒体环境对高校网络舆论引导力评价的影响，揭示了新媒体环境下高校网络舆论引导力评价指标的特殊性。其次基于新媒体环境下高校网络舆论引导力表征新形式揭示了各维度评价指标的解析路径。最后依据指标体系的设计原则和文献调研确定了包括3个维度20个指标的评价指标体系。

第5章为新媒体环境下高校网络舆论引导力评价模型。本章基于新媒体环境下高校网络舆论引导力评价指标体系，提出了评价指标的量化过程与评价方法，构建了评价模型。首先确定了评价模型的构建原则与目标。其次基于情感分析、自然语言分析、数学模型、专家咨询等提出了评价指标的量化方法。最后根据评价需求设计了不同的评价方法，包括基于描述性统计与相关分析的数据特征分析方法，基于因子分析与主成分分析相结合的单维度评价方法，基于聚类分析的综合评价方法，基于BP神经网络的权重计算与预测方法。

第6章为新媒体环境下高校网络舆论引导力评价实证。本章选择了新浪微博作为新媒体数据来源，并选择了一定数量的高校样本对高校网络舆论引导力评价模型进行了实证分析。首先对话语传播力、话语影响力和危机应对力进行单维度评价，包括数据预处理、特征分析与评价结果分析。其次对高校网络舆论引导力进行综合评价，并对评价结果进行相关分析，验证评价结果的有效性。再次融合 BP 神经网络方法对高校网络舆论引导力权重计算及预测评价进行探讨，为利用大数据思维实现数据自动采集分析、评价与预测提供思路。最后基于整体内容对高校网络舆论引导力正向发展提出建议。

第 7 章为研究结论与展望。回顾总结了本书主要研究内容与结论，并基于当前研究的不足展望了未来研究目标和方向。

1.3.2 研究思路

本书基于认知与理论指导实践，实践提升、完善认知与理论的研究思路进行，具体研究思路如图 1-4 所示。全书以新媒体环境下高校网络舆论引导力的评价实践为主线。首先是认知与实践的相互作用。基于对新媒体环境下高校网络舆论引导力的认知，包括内生特征、形成机制及现实生态等，构建了高校网络舆论引导力评价理论框架，然后设计了具体的评价模型并进行了评价实证，而评价实证的开展又能够提升对高校网络舆论引导力的认知，指导高校网络舆论引导力的建设。其次是理论与实践的相互作用。本书以评价作为研究切入点，因此在评价流程、评价原则、评价方法等理论与方法的指导下完成了高校网络舆论引导力的评价实践，而评价实践反过来又完善了评价科学理论与方法。最后是评价理论、评价模型与评价实证之间的相互作用。评价指标体系为评价模型设计提供了思路与理论指导，评价模型又指导了评价实证，为评价实证提供了操作指南。而评价实证验证了评价模型的可行性与评价结果的可信度，评价模型是评价理论的具体化，能够进一步完善评价理论框架。

整个研究环环相扣，共同构成了研究内容的整体。本研究对完善网络舆论引导力评价理论与方法、提升高校网络舆论引导力认知以及指导高校网络舆论引导力建设实践具有重要意义。

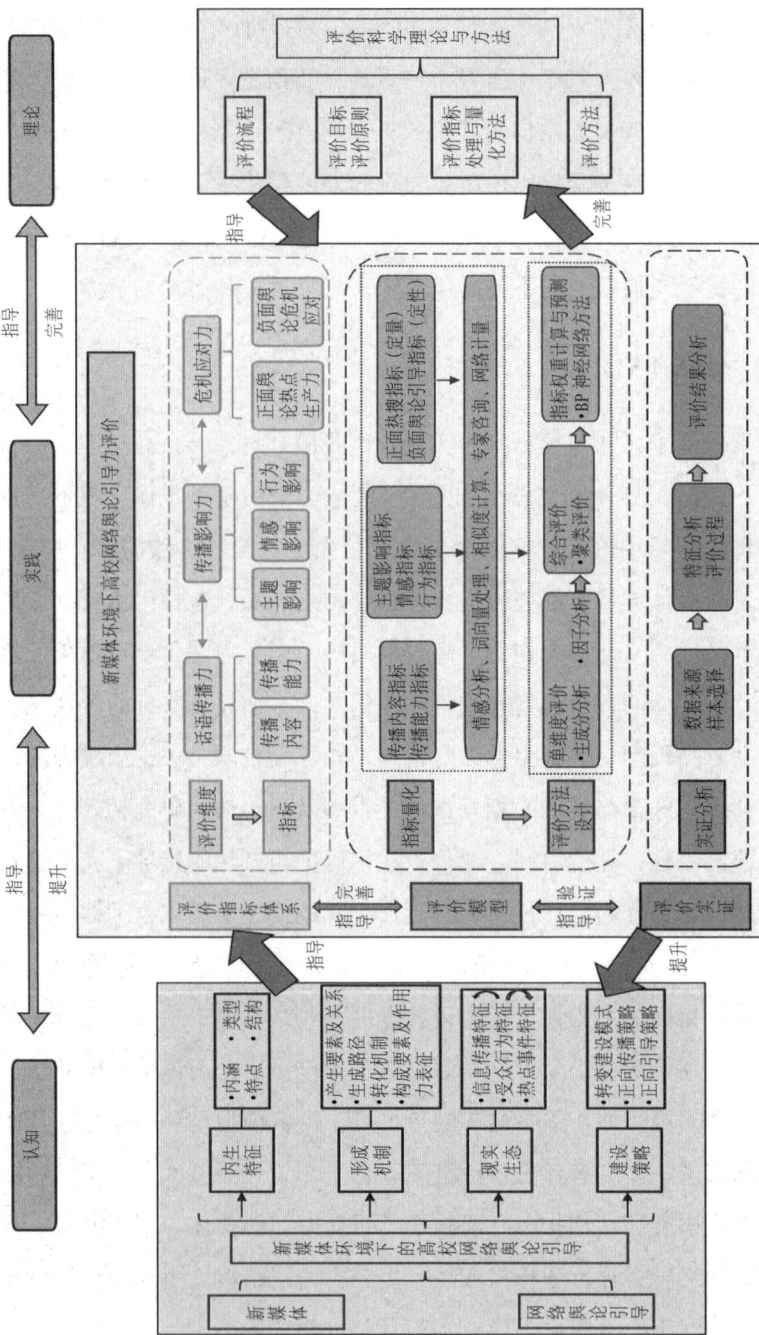

图 1-4 研究思路图

1.3.3　研究方法

基于定性研究与定量研究相结合、理论研究与实证研究相结合的理念，本书综合选取传播学、图书情报学、评价学、计算机科学等多学科方法对选题进行了研究，以期取得创新性成果，主要的研究方法和使用的工具如下：

1）文献调研法

本书利用文献调研法完成了论文前期理论知识的系统梳理，对研究意义与研究背景、国内外研究现状、舆论引导力理论等相关理论基础进行了论述，并且基于文献调研完成了评价模型中评价指标的初步筛选，主要使用了中国知网、Web of Science 数据库、ResearchGate、Google Scholar 等国内外数据库和学术搜索平台。

2）信息计量方法

随着时代变化，计量学已经发展出了文献计量学、科学计量学、信息计量学、网络计量学和知识计量学五个分支，构成了用成熟的应用数理统计和计算统计等数学方法对文献单元、信息单元以及知识单元等进行计量分析，研究其运动规律的成熟学科。基于信息传播视角下的高校网络舆论引导力是一个由微观到宏观，由用户行为特征预测外部表现的评价过程。本书应用了链接分析、社会网络分析、知识图谱与可视化分析等信息计量学研究方法，以及 Citespace、Vosviewer、Pajek、Python、MATLAB 等数据科学分析工具。

3）社会网络分析方法

社会网络分析方法将人与人之间的关系构成的网络称为社会网络，并通过分析网络中的节点属性、网络结构属性来了解人类社会关系。本书利用社会网络分析方法对高校新媒体话语传播演化进行了研究，采用点度中心性、中介中心性、接近中心性、网络密度、聚类系数等指标对高校新媒体信息传播网络结构的演化特征进行了分析。

4）综合评价方法

综合评价是围绕评价目标对某评价对象构建科学的评价指标体系，并采用一定的评价方法或模型，通过数据采集和分析，对某一事物进行价值判断的过程。本书从话语传播力、话语影响力和危机应对力三个维度，基于高校与话语受众的相互作用构建了一个可测评的高校网络舆论引导力评价指标体系。并结合主成分方法、因子分析方法和聚类方法对高校网络舆论引导力进行了评价，通过BP神经网络对高校网络舆论引导力进行权重计算与预测评价。

5）机器学习方法

作为人工智能研究领域的核心，机器学习方法涉及概率论、统计学、数学算法等多领域学科知识，使计算机程序能够根据数据和以往经验自动优化程序性能，模拟人类的学习行为，自动构建新的规则和知识结构，不断优化学习结果。目前机器学习被广泛应用于数据预测、数据分类等任务中。本书采用有监督的机器学习方法，即情感分类、文本挖掘和人工神经网络。通过情感词典对高校新媒体信息和评论信息进行情感值计算，从而计算信息受众的情感表征。通过文本挖掘，对高校话语内容的主题与用户内容主题进行分词、向量化处理，从而计算主题相似度。通过BP神经网络算法，基于回归预测设计了高校网络舆论引导力的预测模型，为新媒体环境下构建自动评价系统提供思路。

1.4 研究创新点

新媒体时代网络空间成为信息资源的集散地和人们获取信息的主要场所。提升网络空间中的舆论引导力成为高校实施知识、文化、价值观念输出及自身声誉建设的时代所需。当前高校网络舆论引导力建设的必要性和网络舆论引导力建设的复杂性已经成为中国高等教育面临的共性问题，只有深刻理解新媒体时代高校网络舆论引导力内涵与机理并科学合理地评价舆论引导力建设成效，才能从宏观战略上为中国高校网络舆论引导力建设指明方向。本书以信息传播学、信息计量学与评价学等多学科理论为基础，系统深入地研究了新媒体环境下高校网络舆论引导力的评价理论与方法，主要包括以下创新点：

（1）揭示了新媒体环境下高校网络舆论引导力的形成机制与要素。

新媒体环境促进了话语权利的平等化，使得网络舆论引导力的实现更侧重于话语权力的实现，即话语受众的接受与认同。传统的网络舆论引导力内涵、理论及研究方法不能有效应用于新媒体环境下的网络舆论引导力解读。基于网络舆论引导力新特征，本书阐释了高校网络舆论引导力的内涵，并在此基础上结合拉斯韦尔5W理论，分析了新媒体环境下主体、内容、传播、受众和效果等话语要素之间的相互作用及转化机制，揭示了新媒体环境下高校网络舆论引导力的形成机制。新媒体环境下网络舆论引导力侧重于以受众接受认同为标志的舆论引导力的实现，其形成本质是能力赋权。该部分的深入分析丰富了网络舆论引导力理论体系，拓展了网络舆论引导力研究视角，为后续评价研究奠定了理论基础。

（2）基于新媒体环境下高校信息传播特征、网络舆论特征与话语受众影响路径揭示了新媒体环境下高校网络舆论引导力评价的特殊性。

网络信息传播、网络舆情引导与网络话语权之间的联系受到学术界的高度关注，产生了系列研究成果，但主要集中在网络舆情引导和国际舆论引导力建设领域。高校网络舆情和高校网络舆论引导力尚未出现系统的研究，相关研究路径与理论框架仍在探索中。本书从高校信息传播的网络结构、地域传播与情感传播三个方面研究了信息传播中话语受众对高校网络舆论引导力的影响路径；从网络热点事件中的公众参与行为、高校回应以及情感变化三个方面研究网络热点事件中受众行为对高校网络舆论引导力的影响路径。基于以上研究揭示了新媒体舆论场中高校与话语受众相互作用的两种路径，提出了新媒体环境下高校网络舆论引导力评价的特殊性，即对高校输出内容的传播规模和话语受众的主题、情感、行为反馈的双重考量。

（3）结合高校职能及新媒体特征构建了囊括内容特征与规模特征的话语传播力、话语影响力与危机应对力三维评价指标体系。

目前对高校网络舆论引导力的研究主要采用定性方法从意识形态和思政教育等角度进行理论探讨，缺乏相应的定量分析。本书从计量学视角对高校网络舆论引导力进行量化评价，结合高校职能与新媒体环境特征构建了囊括传播规模、主题挖掘、情感引领、危机应对在内的话语传播力、话语影响力与危机应对力三维评价指标体系。话语传播力指标包含传播内容与传播能力两个方面。话语影响力指标对话语受众的反馈进行内容挖掘，包括主题影响、情感影响和行为影响。舆论引导力重点测度高校对网络舆论的正向导向能力和负面舆论危机应对能力。该体系结合微观与宏观视角，突出了新媒体环境下以话语受众的接受认同表现为话语权力表征核心的评价目标，并纳入了情感特征、主题特征等细粒度知识单元。该部分研究改善了高校评价指标体系在新媒体环境下的适用性，推动了高校评价工作的与时俱进，拓宽了高校评价的研究视角。

（4）结合情感分析与语义分析提出了评价指标量化方法，构建了多元融合的高校网络舆论引导力评价模型。

基于评价指标体系，结合情感分析、语义分析提出了评价指标的量化方法，在研究中融合多种评价方法实现了对高校网络舆论引导力的多角度评价，包括基于描述性统计与相关分析的指标数据特征分析、结合因子分析与主成分分析的单维度评价、基于聚类分析的综合评价和融合 BP 神经网络的权重计算与评价，并通过具体数据验证了评价模型的可行性。基于 BP 神经网络构建的高校网络舆论引导力评价方法准确率较高，并且具有效率高、自学习、大数据处理、预测等优点，适用于新媒体环境下的大数据处理要求。最后基于研究结果提出了新媒体环境下高校网络舆论引导力提升建议与对策。该模型丰富了评价结果的展示维度，提供了更细粒度的决策参考信息，同时丰富了网络舆论引导力评价方法体系，促进了学科的交叉融合发展。

2

相关理论基础

新媒体环境下高校网络舆论引导力评价研究涉及多个学科，梳理与阐述相关概念和理论方法是保证研究顺利进行的前提和基础。本章首先对新媒体环境及网络舆论引导力等概念进行了界定，然后梳理了本书应用的相关理论与方法。

2.1 新媒体环境与网络舆论引导力

2.1.1 网络舆论引导力内涵

随着互联网技术的发展与普及，网络空间成为人们获取信息的重要媒介与途径。网络成为人们行使话语权的新平台，并对社会产生了巨大的影响力。"网络舆论引导力"这一概念出现在研究视野中，并逐渐成为研究热点。网络用户的增加给社会造成了巨大影响，承载着政治态度和价值观念的网络日益成为人们在思想、文化、政治方面进行交流、融合、对话和竞争的空间。2016年11月颁布的《中华人民共和国网络安全法》在国内首次以法律形式提出网络空间主权原则，将网络空间纳入国家主权范围内。在新媒体环境下，传统意义上单边输入的话语权范式被多元参与和交互的网络话语权所打破。网络空间成为社会公众表达自身诉求与意见的平台，在彰显自身话语体系和排斥异己话语的过程中，形成了影响某一社会现象和问题的能力。

目前，人们对于网络舆论的定义主要分为要素说、过程说、意见说三大学派。要素说学派认为，网络舆论包括公众意见、公众、议题三个要素。过程说学派认为，舆论是一个连续的过程，通过公众表达的心态、意见等信息对现实生活造成影响从而使意见达到相对稳定的状态。意见说学派认为，网络舆论作为公众意见，是通过图像、语言、文字等具体可见的符号表达出来的意见、态度和情绪的总和。

虽然目前对网络舆论的定义不完全一致，但是人们已经形成了一些共识，如网络舆论是公众性意见，也是群体共同行动的结果。王宝治从社会学角度将网络舆论与话语权联系在一起。他认为，社会组织以及群体具有强大的集体性力量，能够统一行使权力，因此公众性意见是社会权力的一种表现。大众在网络平台通过话语表达积聚起来的公众性意见引导舆论走向，形成社会权力，进而争夺话语权。但在网络话语权平民化及大众化后，这也容易引起话语权极端化及话语失范等问题。因此，主流媒体需要对集体权力进行制约，这也是争夺话语权的意义所在。

舆论引导力是指特定的组织、个人或媒体根据其意图对舆论的性质、发展趋势和方向进行引导的能力。

2.1.2 新媒体环境内涵及特征

1）新媒体环境内涵

"新媒体"一词来自英文"New Media"，这一名词最早出现在1967年美国一家公司的商业计划书中，指当时出现的新的媒介形式——电子录像。之后，"新媒体"一词的使用逐渐增多，并成为了流行词汇。随着媒介技术的发展与普及，除广播、电视、报纸三大传统媒介以外，还出现了新的媒介工具，这些媒介统称为"新媒体"。即使"新媒体"一词被广泛应用，并对经济、政治、文化产生了重大而深刻的影响，但是国内外对"新媒体"一词的定义并没有统一。有学者认为，新媒体是一种依靠计算机再分配的媒体形式，如计算机动画、计算机游戏、人机界面、交互式计算机装置、网站和虚拟现实等。清华大学彭兰教授认为，新媒体主要是指基于数字技术、网络技术及其他现代信息技术，具有互动性、融合性的媒介形态和平台。综上，新媒体中的"新"是一个相对概念，不同时代的新媒体代表不同的媒介形态或平台，但都能代表当时的科技发展水平。当前的新媒体主要是指以移动互联网为代表的媒体形态和平台，具有即时通信、海量数据、快速传播、大众化等特点。

环境（Environment）是指围绕某一事物并对该事物产生影响的所有外界事物。对人来说，环境一般分为自然环境和社会环境。所谓新媒体环境，则是不断发展的网络新技术与各类新媒体工具所构成的信息发布、传播及接收的社会环境。当前的新媒体环境是以微博、微信、短视频、手机客户端等为代表的新媒体应用和移动互联网等新媒体技术所构造的信息发布、传播及接收的社会环境。新媒体打破了时间和空间上的限制，将信息输出者和信息接收者紧密联系起来，且两者的作用都发生了实质性变化。

目前，我们生活在新媒体环境中，新媒体技术已经深入人类活动的每个角落。我们的工作、学习和生活都会使用新媒体技术或者新媒体应用。新媒体对信息传播、社会舆论、高校网络话语权的影响日益加深。

2）新媒体环境下信息传播特征

新媒体的"新"是一个相对概念，新媒体具有时代性特征。当前的新媒体也称为自媒体，所有人都能自由地进行信息发布与信息传播。信息来源多样、高度发达的信息交互及自主性改变了信息传播模式。当前，新媒体环境下的信息传播主要具有以下特征：

（1）在新媒体环境下，信息传播具有开放性和即时性特征。开放性是指新媒体打破了传统媒体时代必须有一定资质才能公开传播信息的限制，传统媒体包括报纸、广播、电视等。在新媒体环境下，信息传播的门槛降低了，只要网络接入，就可以自由地传播合法信息。这体现了信息主体的开放性、信息内容的开放性和信息传播覆盖范围的开放性。即时性表现为新媒体的传播速度快、时效性强。信息传播的开放性和即时性为话语主体与话语受众之间的相互作用提供了路径。

（2）在新媒体环境下，信息传播具有海量性和兼容性特征。新媒体环境下的信息传播不受版面与时段的限制，且所有网络用户都是信息生产者，海量的用户生成内容成为新媒体时代信息的主要组成部分。海量性体现在新媒体环境下信息量大、数据类型多、传播速度快、处理速度快等方面。兼容性体现在新媒体环境下信息以各种形式传播，图文、声音、视频等都是新媒体环境下信息的表达形式。新媒体环境下声色俱全、图文并茂、动静结合等兼容性特征能够有效提升信息传播的有效性和吸引力。

（3）在新媒体环境下，信息传播具有交互性和平等性特征。新媒体提供了多种交流互动方式，如评论、转发、分享等，改变了传统"传-受"的单向信息传播路径。新媒体改变了线性传播方式，形成了多对多的网络，消除了传统媒介、行业、社群之间的界限。新媒体用户既是信息的接收者也是信息的传播者，信息的接收者和传播者的地位是平等的，因此信息的接收者和传播者形成了双向交流互动的关系。交互性为话语主体和话语受众之间的双向互动提供了条件，扩大了网络话语权的空间。平等性提升了话语受众的地位，增强了话语受众的作用。

（4）在新媒体环境下，信息传播具有虚拟性和匿名性特征。在新媒体环境下，虚拟性体现为所有信息在计算机上以符号的形式存在，如视频、文本、声音等都是以二进制数字符号进行存储与传播的。在新媒体环境下，用户可以匿名发布信息。对于新媒体用户来说，所有人都以抽象符号存在，不需要实名认证，因此具有匿名性和虚拟性。虚拟性和匿名性使得话语主体和话语受众不受真实身份、地位的限制，能实现最大限度的平等交流和互动。

2.1.3　新媒体环境下网络舆论特征

随着新媒体技术的发展和普及，信息传播模式的变化改变了网络舆论产生与传播模式，新媒体在社会舆论传播中的重要性越发突出。在新媒体环境下，信息传播的开放性、即时性等特征，使社会舆论生态发生了巨大变化。人们认为新媒体环境下的网络舆论具有多元舆论场博弈的特点，具体表现为以下三个方面：

（1）在新媒体环境下，大众文化和精英文化的博弈更加明显。新媒体应用的普及促进了大众文化的发展，普通大众成为信息的传播者。在这种情况下，精英文化与生俱来的优越感和疏离感会在一定程度上弱化其影响力，这导致以政府和官方媒体为主、传播精英文化的舆论场受众减少。与之相反，大众文化立足于大多数用户的实际生活，更容易与受众产生共鸣。大众文化受众增加，能够实现议程设置和舆论引导，挤占精英文化的存续空间，弱化精英文化的权力。

（2）在新媒体环境下，诉求表达与官方引导的博弈更加明显。当前，在我国新媒体平台上，官方媒体引导与个体表达之间存在巨大差异。在新媒体环境下，民众诉求表达的渠道和空间得到扩展，而且新媒体从大众亲历、揭秘等视角传播信息，更容易获得大众的信任，因此网络信息成为大众获取信息的主要来源。官方媒体受制于内容审核、发布程序等限制，在内容表达的风格上更加传统，这也增加了它与大众之间的疏离感。面对重大舆情事件时，官方媒体容易出现失语、迟语等现象，也丧失了普通大众对它的信任。这种信息传播过程中的失衡与错位，导致官方媒体在大众中的网络话语权受到损害，甚至成为不法分子进行舆论煽动的漏洞。

（3）在新媒体环境下，意见领袖与主流媒体的博弈更加明显。在新媒体舆论场中，网络话语表达权的大众化也催生了一批意见领袖，如社会公知、网络大V、网络红人等。这些意见领袖通常拥有大批跟随者和关注者，能够对网络舆论产生巨大影响。大众舆论场的消息来源多样、应变速度快、舆论意见自由且多元，在社会舆论引导方面具有巨大优势，对主流媒体产生了巨大冲击。

2.2　高校网络舆论引导相关理论

2.2.1　信息传播理论

高校话语只有通过信息传播，才能被信息受众接收、接受，才能产生话语权力，因此，对高校网络话语权的产生过程及要素进行研究，就要基于信息传播理论展开。这部分内容主要包括信息传播内涵，拉斯韦尔"5W"传播理论与议程设置理论。

1）信息传播内涵

信息传播是人与人交往、人与组织互动中最重要的活动。在复杂社会网络中，尤其是在数字化时代，人们只有通过信息传播才能传递价值观念，因此信息传播具有更重要的意义。"传播"一词来源于英文"Communication"，源自拉丁语"Communis（Community）"。该英文单词最早出现于1945年联合国教科文组织宪法中，被解释为"两个以上行为主体之间进行关于知识、判断、感情、意识等精神内容的传递和交流"①。随着传播学的不断发展，"信息传播"也作为学术名词被广泛研究。国内外对"信息传播"一词的定义不尽相同，各有侧重点。美国学者施拉姆认为，信息传播是人们为了共同适应所处环境而进行的信息共享，侧重信息共享。西奥多森等学者将信息传播定

---

① 司有和. 信息传播学［M］. 重庆：重庆大学出版社，2007.

义为个人或团体之间利用某种符号传递信息、态度或观念的活动，侧重信息交流。心理学家 Hovland 等则认为，信息传播是特定主体通过语言影响他人的过程，侧重有意图施加影响的结果。学者黄微等认为，信息传播包括主体、客体、本体、媒体和环境噪声等要素，侧重信息传播是一个信息系统的运行。另外，还有学者认为，信息传播是人们通过讯息所进行的社会互动，强调社会关系。通过以上对信息传播的定义可以发现，信息传播具有社会性行为特征，是一种动态的信息传递关系。

根据相关研究，信息传播至少具有四个要素，分别为信息、信息传播者、信息传播媒介和信息接收者。信息是传递的客体，是信息传播的主要内容。信息可以是包含价值、观念、知识的任何数据、文字、话语或其他形式。信息传播者是信息的输出者，是传播网络中的核心节点。一般来说，信息传播者可以是个人，也可以是组织、单位或者群体等。信息传播媒介就是信息传播的渠道。信息传播需要借助一定的物质介体，当前的传播介质主要有数字传媒和网络传媒等。信息接收者是信息传播的主要对象，可以是既定信息传播的目标，也可以是因为各种原因而接收到相关信息的主体。

综合以上观念和理论，信息传播是指在特定环境下某主体将含有态度、情感、观点、价值的信息通过一定渠道或者媒介传播给他人，从而影响信息接收者认知、行为和情感的过程。信息传播理论贯穿于本书的全部研究中。话语权在信息传播中产生，也在信息传播中实现。尤其是在新媒体环境下，信息传播模式的改变也是导致高校网络话语权面临机遇与挑战的本质原因，是本书研究立题的前提条件。

2）拉斯韦尔"5W"传播理论

哈罗德·拉斯韦尔（Harold D.Lasswell）在《社会传播的结构与功能》（The Structure and Function of Communication in Society）一文

中提出的"5W模式"成为信息传播过程研究的经典理论[①]。拉斯韦尔认为信息传播过程包括5个要素，并提出了传播分析方法，包括控制研究、内容研究、媒介研究、受众研究及效果研究，如图2-1所示。

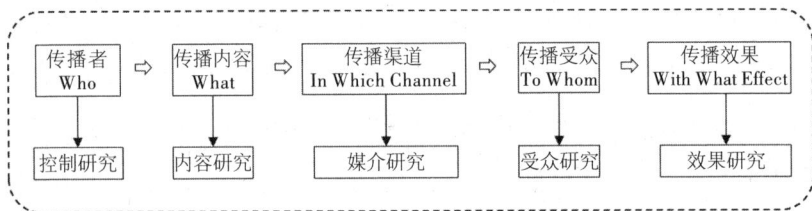

图2-1　"5W模式"及其研究内容

（1）对传播者（Who）的控制研究

传播者即信息内容的生产者和传播者，在信息传播过程中承担创作、资料整理加工、发布的角色。在传统媒体时代，人们对信息发布者有较高的要求，一般由编辑、记者等专人负责，并且需要审核，因此，这种具有信息加工与发布行为的角色被定义为"把关人"。在信息传播过程中，传播者主导信息内容，同时也受到社会制度的约束，他们既控制信息，又被社会所控制。在新媒体时代，普通民众、机构或者组织都可以成为信息传播者，"把关人"的角色和作用逐渐弱化。因此，在新媒体时代，控制研究也逐渐弱化了，更多的是对舆论引导的研究。

（2）对传播内容（What）的内容研究

传播内容是信息传播的客体，它是有意义的符号信息组合，并且通常包含意见、态度等深层内容。在新媒体环境下，传播内容形式多样，能够以图像、文字、声音、视频等形式进行传播，并且具有大众性、公开性等特点。

[①]　拉斯韦尔等. 社会传播的结构与功能（英文版）[M]. 北京：中国传媒大学出版社，2013.

（3）对传播渠道（In Which Channel）的媒介研究

传播媒介作为基本平台，是保证传播行为有效进行与实现的物质层。传播学将媒体认定为一种物质实体，是带有信息符号且存在于传播运动过程的中介物。随着媒介的发展，传播媒介可以是信件、报纸等物质传播媒介，也可以是电视、广播等单向传播媒介，还可以是新媒体环境下以移动交互应用为载体的传播媒介。在新媒体环境下，海量生成内容及分析技术使得内容研究成为学者们关注的重点。

（4）对传播受众（To Whom）的受众研究

传播受众即信息接收者，也就是受传者，是读者、听众、观众等的总称。话语受众是信息传播的目的地，同时也可以对信息进行加工传播，成为信息传播者。在人际传播中，传播者和传播受众通常是相对的，并且在一定的条件下可以互换角色。新媒体的出现大大改变了传播者与传播受众的角色定位，使得网络信息传播与人际交往传播、大众传播等多种传播类型相结合。在新媒体环境下，传播受众被动地位的改变使得受众分析成为重点。

（5）对传播效果（With What Effect）的效果研究

传播效果就是信息传播后是否影响了受众的认知、情感、行为等方面，也是评价传播活动是否成功的衡量标准。很多学者通过传播效果研究提出了一些更加微观的经典理论，如沉默螺旋理论、创新扩散理论、两极传播与舆论领袖理论等，在此不详细展开。

在拉斯韦尔提出信息传播过程"5W模式"后，也有一些学者在此基础上进行修订、拓展和发展，但是大都保留了这5个核心要素和5个核心研究内容。本书对高校网络话语权产生要素的研究就是借鉴了该理论，从话语主体、话语内容、话语传播、话语受众及话语效果5个方面进行分析，并对这些方面之间的关系及转化进行研究，从而揭示了高校网络话语权的形成机制。

3）议程设置理论

议程设置理论是对议程设置重要性或者议程影响力进行研究的理论。麦库姆斯与唐纳德·肖[①]的论文中首次使用"议程设置"这一概念，并在传播学界引起了巨大影响，奠定了议程设置理论研究的基础，其核心观点是大众媒介具有影响公众关注议程程度的能力。一般来说，大众传媒报道新闻的重要程度与公众关注程度呈正相关关系，同时媒体对议程的设置与报道方式等也会影响公众的关注程度。以上论述说明，大众传媒的议程设置能力是话语权的重要组成部分，话语权与议程设置能力相辅相成。媒体基于自身立场、新闻环境认知及重要程度判断，对现实生活中的信息进行再组织、重构，然后传递给受众，从而达到改变他人认知和态度的目的。在新媒体环境下，主流媒体的议程设置能力有所减弱。高校新媒体作为思想政治教育的主要部分，在新媒体环境下，应该在掌握高校舆论及大学生认知规律的前提下，主动提高议程设置能力，提高话语权。本书借助议程设置理论对高校网络议题主导权进行评价，从主题影响、情感影响、行为影响对高校议程设置的影响力进行评价。

2.2.2　新媒体环境下高校网络舆论引导职能

高等学校具有教学、科研、社会服务三大职能[②]。在高校的三大职能中，人才培养是本体职能，科学研究是附属职能，社会服务是派生职能。作为本体职能和附属职能的延伸，社会服务的地位日益凸显、内容不断扩展、形式日趋多样。尤其是在新媒体环境下，高校社会服务职能更加凸显。根据相关文献，本书主要从网络思政教育、科

---

①　MCCOMBS M E, SHAW D L. The Agenda-Setting Function of Mass Media［J］. Public Opinion Quarterly, 1972, 36（2）: 176-187.
②　刘献君. 论高等学校社会服务的体系化［J］. 高等教育研究, 2014, 35（12）: 1-6.

学知识传播、校园文化传播、网络舆论引导四个方面进行阐述，后文也是基于新媒体环境下高校社会服务要求构建了高校网络话语权评价指标。其中，在传播力中融入了思政教育内容传播指数、科学知识传播指数、校园文化传播指数，对高校传播内容进行深入挖掘；通过社会影响构建了舆论引导力指标，对高校网络舆论引导进行评价。

思想政治教育在社会发展过程中具有重要功能。基于思想政治教育的重要性，陈万柏和张耀灿①提出了思政教育的社会功能理论，他认为思想政治教育具有灌输、转变、调节、凝聚和激励等作用。在思政教育过程中，这5个功能在不同时间与地点，对不同人群发挥作用。在现实社会中，高校承担了思政教育职能，也是教育主体。在网络空间，高校应该承担网络思政教育职能，通过网络信息的传播、网络议题的设置和网络舆论的引导发挥高校网络思政教育的功能，如价值导向、品格塑造、行为规范等。高校思想政治教育是教育者用一定的思想观念、政治观点和道德规范对受教育者施加影响，使其形成符合社会要求的思想品德的社会实践活动②。当前，高校网络思想政治教育的意义在于通过网络平台实现对广大青年学生群体的意识形态教育，不断提升青年学生在建设中国特色社会主义中的积极性、主动性和创造性。高校网络话语权也是一种思想政治教育话语权，因此，高校思政教育功能理论是本书研究的价值所在。

科学知识传播是高校在网络空间进行科研宣传的重要职能。通过科学知识传播，人们能够将科研成果转化为社会生产力，使科研成果进入社会大众视野，促进科研成果的应用。科学知识传播是专业交流、科技教育、科学普及、技术扩散与应用中的基本过程。高校作为高等教育的主体，汇集了大量科研人才和资源，产生了大量科研成

① 陈万柏，张耀灿. 思想政治教育学原理 [M]. 北京：高等教育出版社，2001.
② 邱伟光. 思想政治教育原理 [M]. 北京：高等教育出版社，1999.

果。另外，高校科研成果紧跟时代潮流、站在科技创新的前沿，高校也是基础科研成果的重要发源地。然而，目前的情况是高校绝大部分科研成果还只是聚集在高校内部，并没有进行有效转化和应用，没有起到真正服务于社会发展的社会职能。其中很重要的原因之一就是没有进行科学知识的有效传播，大众的科学素养也有待提升。在新媒体环境下，借助信息传播速度和广度的提升，高校应该加强科学技术传播，提升大众的科学文化素养，也促进科技成果的转化。

高校校园文化是社会文化的重要组成部分，校园文化传播也是高校在网络空间的重要职能之一。校园文化具有教育、凝聚、引导、激励等各种功能，但是这些功能只有在传播过程中才能发挥作用。高校校园文化传播是指高校校园文化传播内容通过一定的媒介在校园内外传递、接受、交流、分享和沟通的过程。通过传播，以大学生为主的话语受众才能接触、接受、认同校园文化，从而实现文化创新、文化育人的教育效果，也才能实现校园文化引领社会文化发展的目标。目前，国内外的媒体环境都发生了翻天覆地的变化，信息传播模式的改变也影响了校园文化的传播，使其从单线传播转变为交互传播，从主客二分转变为主客一体。新媒体的发展使得校园文化的内容更加丰富、传播渠道更加多样，校园文化的传播速度提升、传播空间拓展。这些变化一方面促进了高校校园文化的发展和繁荣；另一方面也使得校园文化建设面临着巨大的挑战，尤其是来自网络文化、跨文化、亚文化的挑战。高校校园文化呈现出有主流、多元化、娱乐性的发展态势。因此，在新媒体环境下，高校应该肩负起传播校园文化的职能，以校园文化引领社会文化发展，促进社会文化积极健康发展。

在网络空间，高校肩负着舆论引导的重要职责，尤其是在新的舆论环境中，更是如此。习近平总书记要求悉心教育青年、引导青年，做青年群众的引路人。在网络强国建设的时代背景下，高校应当加强网络舆论引导，积极开展青年大学生的网络思想政治教育，践行社会主义核心价值观，构建网上网下同心圆。网络强国战略要求通过加强网上正面宣传，旗帜鲜明地坚持正确的政治方向、舆论导向、价值取向，用习近平新时代中国特色社会主义思想和党的二十大精神团结、凝聚亿万网民。

2.3 网络舆论引导力评价相关理论方法

2.3.1 评价科学理论方法

"评价科学"是一个动态发展的综合概念和集合概念，不仅其本身内容丰富，而且包含范围广泛、动态变化。目前，学界并没有对评价科学形成统一的定义，但是从各个角度对评价科学进行了研究。广义的评价科学是指以科学的方法对评价对象进行评价，也称"科学的评价"或者"评价科学化"。对高校网络舆论引导力进行评价也要遵循科学评价的流程与规范，使结果具有科学性。

1）评价科学理论

评价是人类的基本活动，在现代社会活动中发挥着判断、预测、导向、激励等重要作用。评价是"评定价值"的简称，不同学者从不同视角出发，对"评价"一词的定义进行了分析。从哲学角度解释有"评价是价值判断活动，是对客体满足主体需要程度的判断"[①]；从管理学的角度出发有"评价是为了决策，评价过程是一种认知过程，也是一种决策过程"[②]；还有学者认为"评价是对某一事物的考核"[③]。实际上，评价科学是包含评价活动、评价现象、评价规律等

---

① 陈玉琨. 教育评价学 [M]. 北京：人民教育出版社，1999：45-46.
② 吕小柏. 绩效评价与管理 [M]. 北京：科学出版社，2013：34-35.
③ 马哲伟. 高校科研评估 [M]. 大连：东北财经大学出版社，2007：37-39.

内容的学科群，是在评价理论、评价方法及评价应用基础上发展起来的学科。整个人类社会可以被看成一个复杂的、庞大的评价系统，任何个体都离不开评价。在这个复杂而庞大的系统中，有多种评价观念、准则及体系，这也使其成为一个不断发展且极具难度的研究课题。

评价在人类社会实践中有着重要的作用，没有科学的评价就没有科学的管理，没有科学的评价就没有科学的决策。评价结果是管理决策的重要参考，因此，确保评价活动的科学性对结果的可靠性意义重大。科学评价活动是一个完整的体系，它由一系列子系统构成，包括主体体系、内容体系、法规体系、对象体系、过程体系、方法体系等，如图2-2所示。它们之间相互影响、相互作用，共同形成一个有机整体。

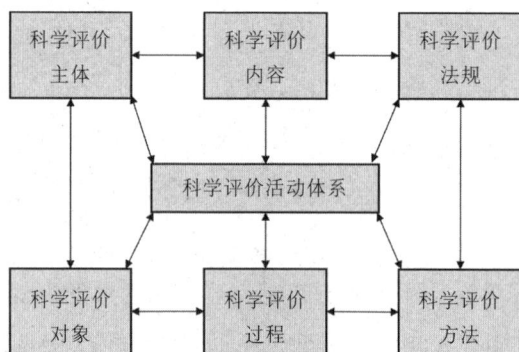

图2-2　科学评价活动体系

科学评价需要按照规范流程进行才能减少评价工作误差，确保评价结果的可信度和科学性。一般情况下，人们以评价方为主探讨评价流程，包括评价准备阶段、评价实施阶段和评价结果阶段，具体流程如图2-3所示[①]。在评价准备阶段，主要包括评价需求调研，评价对

---

① 邱均平，文庭孝. 评价学：理论·方法·实践 [M]. 北京：科学出版社，2010：131-135.

象、评价目标、评价原则的确定，前期资料搜集与分析，组织评价专家组等步骤；在评价实施阶段，主要有评价指标体系的确定、评价方法的选择和设计、评价实施等步骤；在评价结果阶段，主要包括对评价结果的分析与检验、撰写评价报告等。

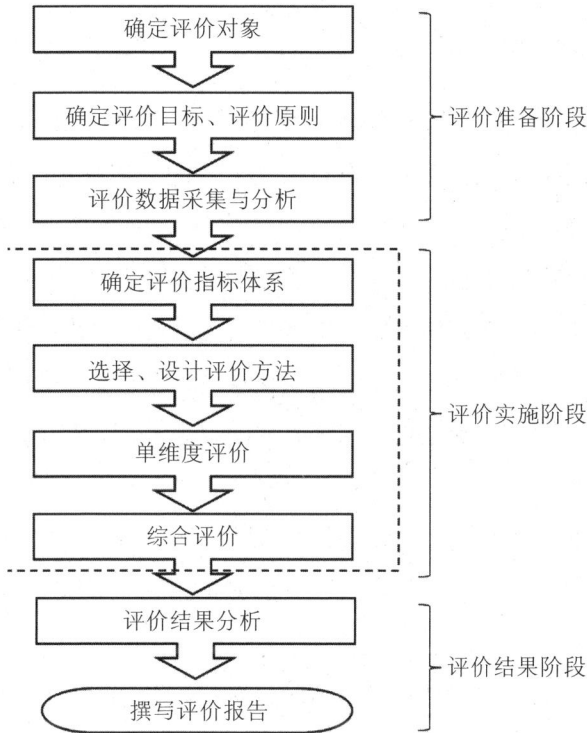

图2-3 以评价方为主体的评价流程

2）评价方法

目前，评价方法主要可以分为三类，分别为定性评价方法、定量评价方法和综合评价方法。定性评价方法主要依据专家意见进行，包括德尔菲法、层次分析法、专家咨询法等；定量评价方法主要是根据数理统计的方法和信息技术对评价对象进行描述和分析，包括文献计量、科学计量、数学模型等；综合评价方法包括距离综合评价法、灰色关联度分析法、数据包络分析法、模糊分析法等。本书根据实际需求，使用定量评价方法和定性评价方法对高校网络舆论引导力进行评价，具体包括专家咨询法、因子分析法、主成分分析法、聚类分析法和BP神经网络方法。

2.3.2　网络计量学理论方法

网络计量学是20世纪90年代信息计量学领域的一个新兴研究分支。随着网络的发展和普及，信息计量学领域的学者也开始关注网络环境下海量信息的定量化研究。1997年，丹麦学者Almind和Ingwersen[①]在其论文中正式提出"网络计量学"的概念来描述将文献计量的方法用来研究网络信息。这一学术观点及"网络计量学"的概念迅速得到了学界的认同，由此网络计量学的研究正式拉开序幕，并且随着网络的发展不断拓展与深化。网络计量学的定义有很多，王知津教授等（2005）[②]认为，网络计量学是综合采用各种定量分析方法及技术，对网络信息进行定量描述和统计分析，揭示网络数据内在规律和特征的学科。网络计量学对网络数据的规范、处理、分析等具有重要意义。

随着网络技术的发展和网络信息内容的变化，网络计量学的内涵也在不断变化。有学者认为其主要经历了三个发展阶段：第一发展阶段（Webometrics 1.0）的网络计量学主要集中在链接分析、网络影响因子、搜索引擎优化及网站评价等方面。第二发展阶段（Webometrics 2.0）的网络计量学体现了对传统文献计量学的超越和突破，该时期社会网络分析范式被广泛应用，网络计量学实现了与文

---

① ALMIND T C, INGWERSEN P. Infometric analyses on the World Wide Web: methodological approaches to "Webometrics" [J]. Journal of Documentation, 1997, 53（4）: 404-426.
② 王知津，郑红军，张收棉. 网络计量学的理论、方法及应用 [J]. 中国图书馆学报，2005（4）: 11-14.

本挖掘、情感分析等技术的融合发展。此外，Altmetrics的广泛研究也体现了网络信息对学术评价的重要性。第三发展阶段（Webometrics 3.0）刚刚开启，数据科学快速发展与第四范式兴起、大数据与人工智能技术渗透，这些都将对未来研究产生重大影响，网络计量学需强化自身理论研究与创新。网络计量学的发展为高校网络舆论引导力的研究与量化提供了理论支撑。本书主要运用了社会网络分析理论与方法、情感分析理论与方法、BP神经网络方法。

1）社会网络分析理论与方法

高校网络舆论引导力可以通过信息传播形成的社交网络对个体关系进行研究，本书借助社交网络分析理论与方法，对高校新媒体信息传播结构及特征进行了处理与分析。

（1）社会网络分析理论

社会网络分析（Social Network Analysis，SNA）是对社会关系结构及其属性加以分析的规范和方法。运用该方法进行研究时，需要重视网络中个体之间的关系。在分析社会现象时，要关注社会关系，同时也要关注社会网络结构如何影响个体的行为。此外，社会网络结构分析中关注两种类型的网络，分别是以自我个体为中心的网络和所有节点的相关关系形成的网络，即自我关系网络（Ego Network）和整体网络（Global Network）。社会网络分析具有跨学科的特点，数学和计算机科学是其中两个最重要的支撑学科。

（2）社会网络分析方法

社会网络分析方法可以从多个角度、多个指标对社会网络进行分析，本书主要应用以下几种方法，分别是网络规模与网络密度分析、网络中心性分析、网络结构分析。

社会网络规模是指社会网络中的节点数量，节点数量越多，网络规模越大。网络密度是指社会网络节点之间联系的紧密程度，一般来说，网络密度越大，信息主体之间的联系越紧密，信息交流与共享就越通畅。从图论的角度来解释，密度就是网络结构中实际连线数量在这个网络中可容纳边的上限的占比。具有n个节点和L条实际边的网络，其网络密度d的计算公式如式（2-1）所示，取值范围在0至1之间。

$$d = \frac{2L}{n(n-1)} \qquad\qquad\qquad (2\text{-}1)$$

点度中心性用来衡量节点在网络结构中的主导性，点度中心性越大，与之相连的节点就越多，信息传播的范围就越广、广度就越大。具有高中心性的网络节点，在群体中的地位高、影响力大。中介中心性是指网络中某个节点位于其他两个节点最短路径上的概率之和，用于测量中介作用的重要程度。中介中心性越大，表明该节点代表的主体在交互网络中的中介效应（或媒介效应）越大，重要程度越高。接近中心性是指高校新媒体交互网络中某节点与其他节点最短路径之和，主要用来测量特定节点与其他节点的接近程度，同时也可以用来衡量整个网络对该节点的依赖程度。

目前，网络结构分析主要从两个角度进行，分别为凝聚子群分析和核心-边缘结构分析。凝聚子群分析又称为"小团体分析"，在复杂的社交网络中，通常会形成一个或者多个层级的团体网络，这些团体网络中的节点之间联系紧密，被称为凝聚子群。通过分析凝聚子群的节点数量、网络密度与结构，可以了解凝聚子群内部成员之间的联系及子群之间的关系等，有助于把握整体的社会网络凝聚力。

2）情感分析理论与方法

信息传播受众在情感上表现出来的认同是高校网络舆论引导力的重要体现，本书运用情感分析理论与方法来分析话语受众的评论内容及转发内容，以及高校网络舆论相关信息。

情感是人类对客观事物的主观反应，是表达自己观点和看法的重要方式。文本情感分析起源于20世纪90年代，是在文档分类、语言极性测量的基础上发展起来的解析文本内容情绪表达的自然语言处理分支。机器学习算法的发展为情感分析提供了技术基础，而互联网的发展与普及为情感分析带来了海量的训练语料。尤其是伴随着推特、微博等社交网络的发展，文本挖掘和情感分析的研究热度不断升温，衍生出了多种分析方法。情感分析是一种情感计算的过程，它通过对文本中意见和情感的识别，获得用户主观感情倾向、情感变化及情绪分布等信息，完成文本中主观性内容的挖掘与分析。

　　情感极性是人们表达主观感受而使用的词语的倾向性。情感极性分析是指通过对带有主观色彩的文本进行分析从而得到文本的情感倾向，并且能够计算出置信度，是文本挖掘的重要内容与技术。情感极性一般分为二元分类（正向和负向）、三元分类（正向、负向和中性）两种，同时也可以根据情感文本的内容具体化，分为喜、怒、哀、乐等细粒度的情感倾向。学者Ekman最早将情感分为愤怒、厌恶、恐惧、快乐、悲伤、惊讶六类。一般来说，正向情感代表积极、支持、满意、愉快、高兴、兴奋等态度；负向情感代表消极、失落、失望、抵制等态度；而中性情感则是指没有任何情感倾向，是一种比较客观的态度。通过对情感极性进行分类，可以进行文本内容的情感倾向性分析，目前它在评论挖掘、意见领袖挖掘、网络舆情分析等领域得到了广泛应用。

　　目前常用的情感分析方法主要有两种：一种是基于机器学习的情感分析方法。该方法需要先对文本进行手工标注，通过计算机自学习不断训练，从而构建情感分析模型。另一种方法就是通过构建情感词典进行情感分析。该方法是应用已有的情感词典，通过描述性文本与词典中文本的匹配创建不同词汇的条目，然后根据词典和规则进行情感的倾向性分析。也有一些学者将两者结合起来使用，他们提出的方法基本上都是在这两种方法的基础上进行改进。在本书的情感分析研究中，我们主要采用情感词典分析方法。

2.3.3　BP神经网络方法

随着人工智能技术的发展，人工神经网络算法被不断改进并应用到更多的领域。人工神经网络是一种模拟人类大脑思考过程的信息系统，具有处理大规模数据的能力。通过不断学习训练集，人工神经网络可以模拟人脑的记忆、思考和处理过程，不断调整内部节点的连接方式，实现从输入层到输出层的拟合。此外，人工神经网络具有自学习、非线性、效率高等特点，是寻求最优解问题效率最高的方法。20世纪80年代，适应多层网络的BP（Back Propagation）算法被应用在人工神经网络的训练中，被称为BP神经网络，这也是目前应用最广泛的人工神经网络算法。本书选择BP神经网络对高校网络舆论引导力进行评价，寻找指标与结果之间的映射关系，为未来实现大规模数据处理与预测提供思路。

BP神经网络是一种依靠误差逆向传播算法训练的多层前馈神经网络。该算法通过误差函数进行反向传播训练，采用梯度下降法对权重进行修正，直到误差降低到目标范围之内，从而实现样本分类和权重调整。如图2-4所示，完整的BP神经网络主要包括三层结构：输入层、隐含层和输出层。工作信号和误差信号在整个网络工作中传递信息。运用BP神经网络对高校网络舆论引导力进行评价的思路主要包括以下两个部分：首先通过输入层、输出层的计算，得到一个实际结果。然后将期望结果和实际结果进行对比，误差值作为误差信号通过反向神经网络传播对权重进行调整，从而达到误差函数最小。

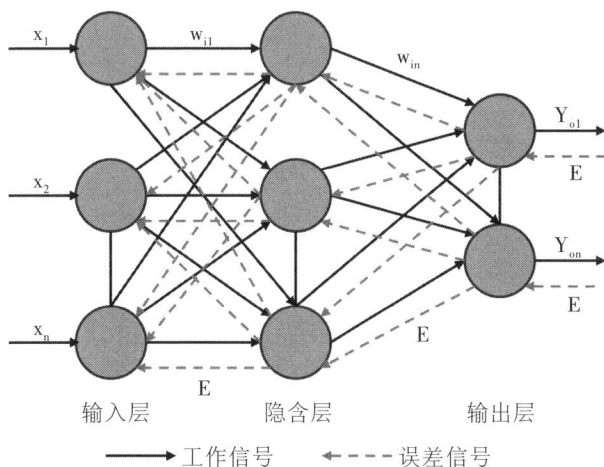

图 2-4　BP 神经网络示意图

2.4　本章小结

本章揭示了新媒体环境下网络舆论引导力内涵、新媒体环境内涵及特征，并对高校网络舆论引导力评价研究所涉及的相关理论和方法进行了系统概述与分析，主要结论包括：

首先，对新媒体环境及网络舆论引导力的内涵进行阐释，分析了新媒体环境下信息传播的特征。新媒体也称为自媒体，所有人都能自由进行信息发布与信息传播。当前的新媒体环境是以微博、微信、短视频、手机客户端等为代表的新媒体应用和移动互联网等新媒体技术所构造的信息发布、传播及接收的社会环境。网络话语权大众化、受众地位和作用强化、网络话语权差异明显化是新媒体环境下网络舆论引导力的主要特征。此外，网络话语权失衡加剧了不同舆论场之间的对立，使网络话语权的侧重点发生了偏移。

其次，本章系统梳理了高校网络舆论引导力评价研究的相关理论。本书基于拉斯韦尔"5W"传播理论提出的核心要素和核心内容研究了高校网络舆论引导力的产生要素及其相互作用。依托评价科学理论与方法，本书对新媒体环境下高校网络舆论引导力进行了评价研究。遵循科学评价的流程与规范，综合运用主成分分析、因子分析、聚类分析等多种评价方法实现了对高校网络舆论引导力的科学评价。网络计量学的发展为高校网络舆论引导力评价研究与量化提供了理论与方法支撑，本书主要运用了其中的社会网络分析理论与方法、情感分析理论与方法、BP神经网络方法。

新媒体环境下高校网络舆论引导力形成与要素分析

新媒体环境下高校网络舆论引导力的形成机制是对形成过程的理论把握与根本说明，是对高校网络舆论引导力认知问题的印证与深化，也是探索高校网络舆论引导力评价理论与方法、发展策略的科学依据。

本章在上文相关理论的基础上，对高校网络舆论引导力内涵进行解析，揭示了新媒体环境下高校网络舆论引导力的产生与转化机制、构成要素。

本章对新媒体环境下的高校网络舆论引导力机理的解析将为后续建立高校网络舆论引导力评价指标及确立评价指标体系提供理论基础。

3.1 高校网络舆论引导力内涵

3.1.1 高校网络舆论引导力定义

引导力是指媒体引导受众思考或者引导他们朝着什么方向去认识和理解新闻的能力。

从舆论角度看，舆论引导力就是舆论引导者按照预期的引导方向，传播一定的观点和信息，并对舆论运行过程进行协调与平衡，引导被引导者的意见、态度和倾向的能力，包括研判、分析、甄别、回复等方式。舆论引导是高校网络舆论引导力的重点和落脚点，高校要具有引导网络舆论的能力。

根据舆论引导力的定义，叠加高校教育职能，高校舆论引导具有明显的方向性，即高校通过网络传播手段，对公众意见进行引领和疏导，以实现对社会网络舆论的正向引导。高校舆论引导力与话语影响力不同，舆论引导力的作用对象是网络舆论，且一定是正向导向能力。舆论是一种社会意识形态，受到现实活动的制约，是一种普遍的、隐蔽的、无形的力量。舆论在社会中具有影响人、塑造人的功能。加强舆论引导事关人民福祉、民族长远发展，是网络思政教育舆论引导力的重要组成部分①。高校网络舆论引导力是指高校在网络空间自由发表意见的权利，表现为对网络发声渠道的建立、维护和应用；高校网络舆论引导力也指高校在网络空间的话语力量与效果，表现在对网络舆论的影响、引导等方面。

3.1.2 高校网络舆论引导力的特点

相对于其他网络用户或者机构来说，高校网络舆论引导力因为高校机构属性而具有一些特征，主要表现在以下三个方面：

1）高校网络舆论引导力理论上应该是正向舆论引导力

高校的机构属性、教育职责决定了高校网络舆论引导力应该是正向舆论引导力。高校网络话语代表学校意志，其传播内容会直接影响高校的声誉和品牌形象，因此其发布内容必须具有引领性、教育性和严肃性。在网络环境下，人人都有发声的权利与渠道，高校在其中代表着主流、权威的声音，弘扬主旋律、传播正能量是高校网络舆论引导力建设的责任和使命。当高校爆发网络舆情或者引起社会广泛关注的突发事件时，高校也承担着第一时间阐明立场与观点、引导社会舆论的重要责任。

2）高校网络舆论内容青年化特征显著

高校网络话语受众以青年学生为主，他们是网络用户，也是整个社会中思想最活跃的群体。面向比较年轻的学生群体，高校一改

---

① 陈力丹. 舆论学——舆论导向研究 [M]. 上海：上海交通大学出版社，2012：11.

传统校园媒体的"高冷"姿态，信息发布逐渐呈现出"萌传播"的趋势。高校信息发布语态更加亲和，拉近了高校与受众的距离；话语风格也从原先的教导式与提倡式转变为轻快活泼式，发布内容更有可读性，使受众感受到平等和尊重。在工业时代，物质是最重要的资源；而在信息时代，话语则是最重要的资源。高校话语内容与话语表达方式的转变给高校本身带来了更多的关注，在一定程度上提升了高校的舆论引导力。

3）高校网络舆论引导受众目标明确，互动性强

与其他类型的机构或者组织相比，高校网络话语的目标用户更明确。高校信息传播、服务的主要用户就是学校师生群体。高校发布信息的内容一般是与教育教学、校园文化、学术交流、招生宣传、校园管理等直接相关的事情，内容的明确指向使得高校信息传播的目标受众清晰，因此高校也会根据学生的信息需求改进传播内容与方式，提升信息服务质量。

在网络时代初期，高校信息传播以单向传播为主，更多体现高校对话语受众的单向作用机制。然而，在新媒体时代，众多新媒体平台和应用构建了师生之间、校内外之间的联系与互动，促进了校园信息获得与传递的便利性，有利于增加集体凝聚力，形成意识共同体。一方面，高校新媒体能够将新闻、教务、学术、管理、招生等校园相关信息发布给每个关注该账号的人；另一方面，关注者也可以用图片、视频、文字等多种形式将信息反馈给高校。通过这种方式，高校师生与高校之间形成了多维互动交流，这也是高校新媒体平台较传统高校媒体更具生机与活力的地方。双向互动模式能够获得更多的关注，有利于学校线上线下活动的宣传。互动带来的关注、点赞、评论等数据也可以作为优化信息制作与信息服务的依据。

3.2 新媒体环境对高校网络舆论引导力的影响

3.2.1 新媒体环境对高校网络舆论引导力的双面效应

从内部要素对高校网络舆论引导力进行解析，可以分为话语主体要素、话语内容要素、话语载体要素、话语受众要素和话语效果要素。新媒体对高校网络舆论引导力的产生具有明显的双面效应，具体表现在以下方面：

1）网络舆论更加丰富，但受"碎片化""泛娱乐化"冲击大

新媒体环境一方面丰富了高校话语内容和形式，提升了高校话语传播质量；另一方面也对高校话语内容产生了"碎片化""泛娱乐化"冲击。新媒体技术融合视频、图片、声音、文字等多种形式，使高校话语内容具有多样化的表现形式，帮助高校使用更合适的多媒体形式将学术知识、价值观念等信息传播给话语受众。此外，利用新媒体融合性、多元性等特征，高校能够更加生动形象地进行价值导向、学术思想传播和信息服务等，以满足新时代青年学生的阅读偏好和接受习惯，提升其参与各类活动的积极性。

随着移动终端的普及，信息也呈现出"碎片化""泛娱乐化"的新特点。微博、微信等应用发布内容有限，寥寥几字、只言片语、几张美图、几分钟的视频等成为新媒体最常见的内容形态。内容生成的多元化、个体化、智能化使得网络信息内容更加丰富、多样、生动、感性。但是，在新媒体环境下，无效、重复与虚假的"碎片化"信息也实现了爆炸式增长。面对浩如烟海的网络信息，网络用户难以精准地找到自己需要的信息，信息过载严重、信息选择困难与焦虑情绪凸显。"泛娱乐化"是新时代网络信息内容的又一重大特征。随着媒体

形式从电视、BBS 向微博、微信、短视频发展，"泛娱乐化"趋势不断凸显，并且存在向"愚乐"转化的趋势。调查显示，青年学生使用网络空间中娱乐类音乐、游戏、视频及小说等应用的比例最高。过度泛滥的网络娱乐内容影响青年学生正常学习、生活的时间和空间，不利于青年学生正确价值观念的树立与培养。在新媒体环境下，网络信息内容的"碎片化""泛娱乐化"对青年学生的影响较大，也突出了高校建设网络舆论引导力的必要性。

2）载体更加多样，但话语传播受"圈群化"冲击大

新媒体一方面丰富了高校话语载体的形式，拓宽了信息传播渠道，提升了高校话语的传播力；另一方面也使高校话语传播受到"去中心化""圈群化"的冲击。在网络时代初期，高校信息发布主要集中在网站、BBS、QQ、MSN 等，网络舆论引导力建设也在以上平台进行。在新媒体环境下，微博、微信、抖音等成为青年学生日常生活、学习的工具。媒体作为一种混合形态的文化，兼具娱乐性与教育性的双重特点，各类媒体制品已经成为大众教育的重要组成部分。高校历来重视媒体的教育功能和宣传功能，较早地介入了新媒体平台的建设中。近年来，各高校的"两微一端"账号陆续开通并投入运营。随着短视频的兴起，部分高校也在积极尝试。除了注重高校官方账号的建设，不同类型的高校新媒体也在不断建设中，如研究生院、图书馆等高校部门，社团、研究生会等学生组织都在使用新媒体平台进行信息服务与交流。为适应新媒体的发展和青年学生的使用习惯与需求的变化，高校也在向 B 站、"学习强国"等拓展。借助各种新媒体平台，高校通过多元立体的声音引导网络舆论，建设网络舆论引导力。与此同时，新媒体平台的"集聚效应"为高校加强网络议题设置、发挥网络意见领袖作用、形成正面网络舆论氛围提供了条件。

新媒体的发展加强了网络信息传播的互动性和开放性，改变了集中统一、自上而下的单向传播模式。新媒体环境下的信息传播呈现双向平等交流的模式，具有"去中心化"和"去权威化"趋势。社交网络不需要依赖真实的社会关系，更多的是基于共同的兴趣爱好或者需求进行信息交流与互动，形成各种"圈群"，"圈群"化社交现象更加明显。微博、微信等新媒体平台为青年学生进入特定网络"圈群"提供了便捷的途径，如基于学业联系的各种学习群、基于兴趣联系的各种社团群等，不同内容导向的"圈群"联系满足了个体多样化的信息需求与社交需求。一方面，"圈群"的存在为社会交往和信息获取创造了条件，使得高校网络信息传播可以针对特定"圈群"提升实效性和针对性；另一方面，"圈群"之间的勾连关系增强了信息传播的广度和深度，但相对闭塞，为高校网络舆论监管和引导增加了难度。

3）受众地位提升，但信息内容生产"个体化"趋势明显

新媒体环境一方面提升了青年学生网民的主体地位，增强了网络互动性和高校话语影响力；另一方面加剧了高校话语受众内容生成的个体化和网络舆论的群体极化，严重损害了高校网络舆论引导力。青年学生是信息时代的优先体验者，他们熟悉网络话语规则、网络生活经验丰富。新媒体的特点契合了新时代青年学生的群体特征，为青年学生内容生产与创新营造了良好环境。在新媒体时代，高校与话语受众的互动性进一步增强。建设高校网络舆论引导力就是调整高校与话语受众之间关系的过程，新媒体为高校与话语受众的顺畅沟通与即时交流提供了便利条件。在新媒体环境下，高校与青年学生群体同时进行网络信息内容的生产、传播和接收，克服了传统媒体模式下高校单向传播和灌输模式的困境，实现了双向互动沟通。平等的互动打通了高校与话语受众交流的通道，提升了青年学生对高校话语内容的认同

和接受程度。

在传统媒体时代，甚至在网络媒体时代早期，受限于技术和资本条件，高校信息以单向传播为主，青年学生等话语受众常常处于"受众"的被动位置。随着新媒体的产生与广泛应用，信息生产主体"私人化"和"个体化"特征开始显现。在新媒体环境下，信息生产"个体化"特征叠加青年学生思想活跃、接受力强但判断力弱的属性，使得新媒体环境下的高校身陷纷繁复杂的网络议题与网络舆论之中，增加了高校网络议题主导、网络舆论引导的难度。

4）效果增强，但负面舆论受"连锁效应""放大效应"影响危害也增强

在新媒体环境下，信息传播模式、交流互动形式及网络舆论特征等变化增强了高校网络话语效果。新媒体技术强化了信息传播时效的裂变性，信息传播速度急剧提升，信息传播范围急剧扩大。根据麦特卡夫定律，信息传播效果随着用户参与数量的增加呈现指数增长，用户对信息的分享、转发等就是信息传播裂变的原因与表现。新媒体打破了时空界限，增强了话语传播效果。通过微博粉丝、微信朋友圈的转发功能，信息能够实现裂变性传播，信息数量在短时间内实现爆炸式增长。新媒体平台成为青年学生获取信息、进行交流互动的主要场所，因此信息裂变性传播会增强高校话语传播效果。正面舆论会强化正面宣传效应，提升高校的声誉与品牌，强化高校网络舆论引导力建设成效；而负面舆论导致的负面影响及辐射范围也很大，严重损害了高校的声誉与网络舆论引导力。

在信息传播过程中，公众发表自己的见解，不同群体拥有不同的意见，这都汇聚成具有不同意见的舆论场，造成舆论导向的混乱。特别是面对突发舆情事件或者社会热点问题时，由受众行为引起的裂变性传播会产生巨大的负面效应，各种意见交流、对话、冲突都会在网

络空间呈现，具有更加偏激的情绪感染力，形成了"连锁反应"和"放大效应"。此时，高校的负面舆论会引发网民的高度关注、讨论和扩散，甚至会影响其他高校或者其他主体，对社会造成范围更大的负面影响。

3.2.2 新媒体环境下高校网络舆论引导力建设的必要性

在新媒体环境下，高校网络舆论引导力建设的必要性主要体现在以下三个方面：

1）高校良好网络舆论环境的需要

营造良好的网络舆论环境有助于高校学生成长成才、树立正确的价值观，因此高校提升网络舆论引导力、为高校学生提供良好的网络环境和氛围，是新媒体时代践行高校职责的要求。高校是一个复杂且庞大的机构，汇集了来自五湖四海的青年学生、教职工，且与社会上各种组织、各个机构又有着直接或间接的联系，时刻受到社会公众、教育部门的关注，因此，汇入高校舆论场的信息复杂而庞大。新媒体打破了校内、校外舆论场的界限，使得本来就复杂的校园舆论环境更加纷繁复杂。在经济全球化、价值多元化的新媒体时代，高校开放的舆论环境受到各种社会思潮的冲击，如功利主义、恐怖主义、拜金主义、享乐主义、西方价值观念冲突等。加强对高校舆论场中网络信息传播、网络舆论的监管与引导，提升高校主体的网络舆论引导力，营造良好的网络环境，是新媒体环境下高校必须承担的责任。

2）推进和完善高校教育管理体系的现实需要

作为特殊的社会组织和学术共同体，高校承担着信息服务、校园宣传、价值输出、文化育人等多重责任。新媒体技术的发展拓展了高校践行职能的空间，高校应该承担的社会使命是新媒体环境下高校获取网络舆论引导力的动因。高校作为人才培养的主要场所，在创新驱动转型发展时期，高校应该承担起向社会输送创新动力的责任，需要建设发挥人才积极性、主动性和创造性的制度环境。在新媒体环境下，网络空间成为青年学生交流互动的主要场所，这也为高校洞察高校教育管理制度的缺陷和漏洞提供了路径和窗口。例如，学术不端、学术腐败、师生矛盾等一系列高校网络舆情的爆发，引发了公众对高校管理和教育制度的思考，成为教育部门和高校管理部门重新审视管理制度缺陷的窗口，推动了高校管理制度、教育管理体系的完善。

　　3）高校开创宣传工作新局面的需要

　　自身声誉建设、学术思想输出、价值观念传播是高校思想政治教育的重要组成部分。在新媒体环境下，高校网络舆论引导力建设对高校宣传工作与网络思政工作新局面的开创具有重大意义。新媒体的发展为高校师生提供了交流互动的平台，高校师生在新媒体平台的语言和观点能够反映其思想意识和行为意识，这为高校网络宣传和网络思政教育工作提供了新形式和新思路。传统的高校思政教育主要集中在"两课"的课堂上，通过老师在课堂上讲授的方式进行。在新媒体环境下，高校能够借助新媒体平台和网络舆论，以活泼的话语内容、多样的传播形式对高校学生的世界观、人生观和价值观进行柔性引导。另外，借助各种新媒体平台，高校能够寻求新的信息传播途径与渠道，从而加强学术思想宣传、价值观念输出的时效性和针对性。

3.2.3　新媒体环境下高校网络舆论引导力评价的重要意义

　　在新媒体环境下，高校网络舆论引导力建设具有迫切性和重要意义，而高校网络舆论引导力评价研究同样具有重要意义。通过对目前新媒体环境下高校网络舆论引导力成效及差距进行有效评估，能够为高校网络舆论引导力建设提供量化参考，促进高校网络舆论引导力建设。通过以评促建，可以为高校网络舆论引导力建设提供理论指导和发展方向。

1）为新媒体环境下高校网络舆论引导力建设水平与成效提供量化参考

采用一定的方法对高校网络舆论引导力实现量化评价，有助于有关部门评估新媒体环境下高校网络舆论引导力建设水平与成效。这包括两个方面：一方面，通过对高校网络舆论引导力的量化评价，教育部门及高校宣传部门等能够从宏观上掌握与考察高校对网络舆论引导力建设的重视程度及建设水平，了解不同高校之间在网络舆论引导力方面的差距；另一方面，教育部门及有关单位可以洞悉大学生价值观发展状况，掌握话语受众在接收蕴含高校价值观念、学术思想等内容的信息后，在理性认知、情感认同、行为表达等方面的接受和认同程度。

2）以评促建，促进新媒体环境下高校网络舆论引导力建设

通过对高校网络舆论引导力评价理论与方法的研究，能够为新媒体环境下高校网络舆论引导力建设提供参考路径。一方面，为高校新媒体建设、高校宣传及负面舆情危机应对等提供数据参考和合理建议。高校网络舆论引导力评价能够从侧面帮助教育部门及高校发现宣传及网络思政教育中的薄弱环节和不足之处。另一方面，能够督促高校宣传部门重视新媒体环境下高校宣传及舆情应对工作，提升自身素质，增强高校在网络空间的信息传播、影响和引导能力。此外，还可以了解以青年学生为主体的话语受众的价值判断和价值选择倾向，而这可以帮助高校因势利导，激发大学生自我教育，形成持久的内在驱动力。

3.3 新媒体环境下高校网络舆论引导力要素分析

3.3.1 信息传播

高校网络舆论引导力的产生与转化必定伴随着话语传播的过程，因此，话语传播力是高校网络舆论引导力形成的基础之一。话语表达与传播是网络主体的基本权利，具体表现为每一个能够接入互联网的主体都可以自由而充分地表达意见，拥有平等的舆论引导力。高校属于机构类型用户，在网络空间是以符号表示的网络用户，拥有自由表达意见的权利。高校需要承担思想政治教育的义务与责任，其主观上想达到表达观点并广泛传播的目的。

传播力包括两个层面的内容：其一是具有能够生产传播内容的能力，其二是具有将传播内容进行广泛传播的能力。首先，需要生产高质量的话语内容，将包含高校知识、思想与价值观念的信息以合适的形式展示出来。在新媒体环境下，话语表达的形式多种多样，高校可以运用文字、图片、视频等适合当下话语受众的表达习惯与乐于接受的形式。其次，要有将话语内容进行广泛传播的能力，话语内容只有进行广泛传播，才能让更多的话语受众接收到，进而达到价值认同，实现议题主导与舆论引导。在新媒体环境下，信息传播的路径很多，信息传播的速度很快，信息主要依靠话语受众进行转发、分享等产生裂变性传播。

"媒介就是意识形态"，传播力决定影响力。高校网络话语表达的最终目的是实现网络话语的广泛传播，传播力是高校网络舆论引导力的要素之一。根据传播力的内涵，高校话语传播力同样包括两个层面的内容：一是传播内容生产力，即高校具有生产高质量传播内容的生产力。二是传播能力，即高校具有将内容进行广泛传播的能力。高校可以利用各种媒介进行一次传播，也可以利用受众的转发、分享等进行二次传播与多次传播。

3.3.2 话语影响力

影响力是指信息经过传播到达一定区域后对用户及周围环境产生的影响程度。目前，对于影响力的定义主要分为主体定义法和客体定义法两种。前者从信息传播者的视角出发，强调信息传播主体对信息受众产生影响的能力和控制力；后者从信息受众的视角出发，强调信息受众所表现出来的影响效果。话语影响力表现为客体在接收主体发出的信息后产生的思想或行为的改变。话语影响力是一种非强制性的作用力，不同于来自国家、政府机构通过法律、政策、军事、外交等手段施加影响的世俗权力。舆论引导力是以传播、扩散的方式产生效力的。换言之，话语影响力不是通过规则来实现的，而是通过话语受众自我接收来实现。

根据话语影响力的定义，高校话语影响力的实现有以下两个关键点：一是高校话语影响力是在高校通过议题设置主动打造的话语场域中产生的影响力；二是高校通过话语内容的输出对受众产生影响，影响力的大小通过话语受众在行为、主题、情感等方面的接受与认同表现出来。在网络空间，网络议题设置是引领思想的基础。高校要争夺网络舆论引导力，就必须拥有话语机会和话语场域，因此，主动设置网络议题是实现高校网络舆论引导力的关键一步。这既能使高校拥有话语机会，也使高校能主动打造话语场域。高校网络议题的设置不能选择日常生活中随便一个话题，而是要经过高校宣传部门和人员的精心构思与设计，选择蕴涵高校知识、思想与价值观念的话题。

高校话语影响力的目标是高校主动设置的网络议题能够引起话语

受众的关注与参与，能够获得话语受众的情感支持与认同，话语内容能够对话语受众产生影响。在新媒体环境下，高校设置的网络议题对话语受众的影响能够通过话语受众的交流互动和生成内容更充分地体现出来，如评论内容显示的主题跟随、情感影响等，话语受众参与、转发高校话题的情况等。

3.3.3 危机应对

对高校网络舆论引导力的评价主要从网络舆论的变化来进行，比如对正面网络舆论的生产及传播能力、对负面网络舆论的危机应对能力等。高等教育是我国教育体系的重要组成部分，涉及庞大的关注群体。在新媒体环境下，高校话语受众的群体性特征引发的网络舆论对高校网络舆论引导力产生了重要影响。近年来，随着网络舆论产生与传播特征的改变，我国涉及高校的网络热点事件频发，尤其是负面舆情事件。部分高校群体性事件表现出与网络舆论引导力的直接关系。话语受众的情绪与高校网络舆论引导力正在引起各级教育主管部门的重视。大部分高校负面网络舆情事件会因高校官方回应速度慢、解释不到位等导致舆情蔓延；部分舆情事件会引起谣言，促使舆情二次爆发、持续发酵，对高校网络舆论引导力产生严重危害。

3.4 本章小结

本章通过对高校网络舆论引导力内涵（包括定义、特点）的理论分析揭示了新媒体环境下高校网络舆论引导力的形成机制及评价要素。主要的研究内容与结论有：

首先，分析了新媒体环境对高校网络舆论引导力的影响。新媒体的特征改变了网络舆论引导力结构，使高校网络舆论引导力呈现出新特征。面向新媒体舆论场的高校网络舆论引导力展现了话语议题纷繁复杂、话语受众平等多元、话语表达生动形象、话语传播路径多样等特点。高校网络话语表达与传播、网络议题主导、网络舆论引导的重要性更加凸显。新媒体环境对高校话语主体、话语内容、话语载体、话语受众和话语效果等高校网络舆论引导力核心要素具有显著的双面效应。在丰富高校话语内容、渠道,提高受众主体地位的同时,也使高校网络舆论引导力受到话语内容"碎片化"、"泛娱乐化"、话语传播"圈群"化等负面冲击。尤其是在负面舆情中,"连锁效应""放大效应"对高校网络舆论引导力构建产生了巨大影响。在新媒体环境下,高校网络舆论引导力构建成为新时代高校建设良好网络舆论环境、推进和完善高校教育管理体系及开创宣传工作新局面的现实需求,显示出新媒体环境下高校网络舆论引导力建设的必要性。

其次,揭示了新媒体环境下高校网络舆论引导力的构成要素。结合高校网络舆论引导力的内涵、新媒体环境下高校网络舆论引导力特征等,新媒体环境下高校网络舆论引导力的构成要素包括信息传播,话语影响力与危机应对。网络信息传播是基础,网络议题影响是关键,网络舆论引导力是重点与落脚点。话语传播力侧重于对外传播的广度和深度;话语影响力侧重于高校网络议题对话语受众的影响,作用对象是话语受众;危机应对侧重于在大规模网络用户形成的网络舆论场中对网络舆论的正向导向能力。对高校网络舆论引导力的评价主要从网络舆论的变化来进行。

4

新媒体环境下高校网络舆论引导力评价指标体系

上一章对新媒体环境下高校网络舆论引导力的形成及要素进行了深入分析，为本章高校网络舆论引导力评价提供了理论支撑。新媒体环境下高校网络舆论引导力面临新的舆论生态，出现了新的表现形式。本章结合新媒体环境对高校网络舆论引导力评价的影响，提出了新媒体环境下高校网络舆论引导力评价维度及指标解析路径，构建了评价指标体系，为后文评价模型的构建和实证提供理论指导。

4.1 新媒体环境下高校信息传播特征及影响路径

新媒体环境下信息传播模式发生了重要变化，呈现新特征。本节对高校信息传播特征进行分析，揭示了新媒体环境下话语受众的影响路径。话语受众的行为及内容输出在影响高校网络舆论引导力效果的同时也为高校网络舆论引导力评价提供了参考指标。话语受众行为类型较多，如分享、评论、转发等。本书选择话语受众的转发行为对高校信息传播特征进行深入分析，加深对高校网络舆论引导力形成过程及表现形式的认识，为后文评价指标提供参考。

4.1.1 高校信息传播网络结构及特征

信息传播是高校网络舆论引导力的基础，高校通过信息传播获得更大影响力，实现舆论引导力。根据人民网教育频道与人民网舆情数据中心联合推出的《2018—2019中国高校社会影响力排行榜》，本书选取了排名前3的高校，分别为清华大学、北京大学、武汉大学。此外，为突出地域对比，选择了位于武汉的另一所985高校——华中科技大学。利用Python自编程序采集上述四所高校的官方微博在2020年11月期间所发布的原创类推文及其转发数据，包括相关的时间地区信息。新媒体环境下高校信息传播网络结构具有以下三个特征。

1）网络结构具有复杂性

新媒体环境下，高校信息依托各种新媒体平台快速传播。新媒体极大地丰富了信息传播方式，表现出点对点传播与面对面传播共存，一级传播与多级传播兼容，人际传播和大众传播相结合的传播特点。同时，信息传播路径更加复杂。信息内容和交互行为链接形成的高校信息传播网络具备社会关系网络特征。如图4-1所示，高校作为信息生产者和发布者，通过微博、微信、短视频等新媒体平台以一对多或一对一的形式发布信息、提供在线服务、进行思政教育与舆情引导。信息传播者通过公共转发或者私人转发进行信息再传播。信息接收者（信息消费者）通过关注、点赞、评论等行为反馈高校信息的传播效力。信息在多次传播过程中形成了一种复杂网络。高校新媒体信息传播网络中，网络层级数、信息数量与每一层级信息人之间的联系紧密程度决定了高校信息传播的效率。网络结构越复杂，信息传播的路径也就越多样化。

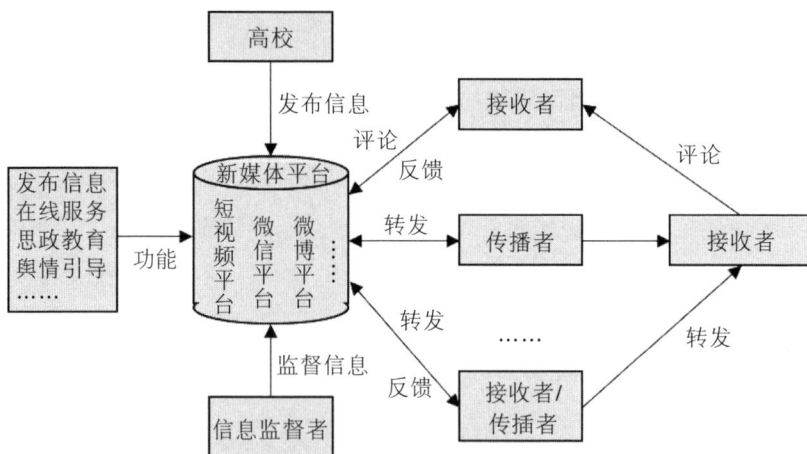

图4-1　新媒体环境下高校信息传播网络形成示意图

2）传播网络节点多，网络密度低

复杂网络通常采用聚类系数、网络密度、平均路径长度、节点度分布等指标来分析网络整体特征。本书采用这些指标分析了高校新媒体信息传播特征。表4-1展示了高校微博信息传播网络的指标数据。从网络密度计算结果可以看出，一个月内共有15 924位用户参与到高校官方原创微博信息的传播过程中，总转发次数16 274次。该网络的平均度值为1.022，聚类系数为0.004，说明高校微博信息传播网络中用户之间的平均互动接近1，整体互动水平不高。网络的平均加权度值为1.274，代表网络中的节点平均被转发或者转发他人信息1.274次。网络密度接近0，说明高校微博信息传播网络呈现稀疏性网络结构特征。以上分析显示高校拥有广泛的关注者，能够直接作用于话语受众，效率较高，但是关注者之间的联系较低，交流互动不够。高校信息传播过程主要体现了高校对话语受众的单向作用，即高校通过话语传播对话语受众产生影响。

表4-1 　　　　高校微博信息传播网络的指标数据

指标	数值
节点数	15 924
边数	16 274
平均度	1.022
平均加权度	1.274
网络密度	接近0
聚类系数	0.004
平均路径长度	1.409
网络直径	3
节点度值大于2时网络密度值	0.006

3）节点度值分布不均，无标度网络特征明显

在社交网络及复杂网络中，一般认为无标度网络的特征为较短的

平均路径长度、较小的聚类系数且节点度值分布满足幂律分布。通过Gephi工具的统计功能得出，微博平台的高校信息传播网络平均聚类系数为0.004，平均路径长度为1.409。高校微博信息传播网络聚类系数较小，见表4-2，当提高k核值时，网络中平均路径长度降低。

表4-2　　　　高校微博信息传播网络k-核基本参数对比表

k值	节点数	边数	平均度	平均路径长度	聚类系数	图密度
k1	15 924	16 274	1.022	1.409	0.004	0
k2	346	697	2.014	1.295	0.209	0.006
k3	23	59	2.565	1.25	0.194	0.117

图4-2展示了节点度值与数量分布的幂律分布趋势拟合，从图4-2中可以得出高校微博信息传播网络满足无标度网络特征。少数核心节点具有较高的度值，对信息传播过程参与度高，主导高校信息传播。其他大部分节点的度值为1，对信息传播过程参与度低，属于边缘用户，成为信息传播的节点。

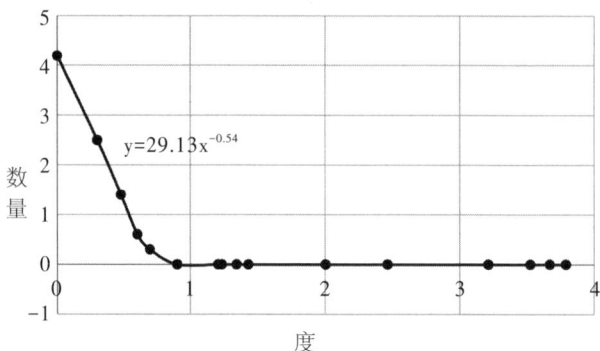

图4-2　高校微博信息传播网络节点度值与数量分布的幂律曲线

注：横轴为节点度值，纵轴为数量，横轴坐标都取对数刻度。

此外，凝聚子群也是衡量网络结构特征的指标。网络凝聚子群分析就是寻找社交网络中存在紧密联系的小团体或者聚类派系并对其特征进行分析的过程，因此也被称为"小团体"分析。通常这些小团体中的节点联系更加紧密，信息传播效率更高，凝聚性更强，而不同团体之间的联系则较为稀疏。对高校信息传播网络的凝聚子群进行分析，即对凝聚子群的数目、凝聚子群中成员关系特征等进行分析，有利于帮助高校发现信息传播中的核心传播群体。

利用Gephi工具模块化统计功能中的随机算法对高校微博信息传播网络中的节点进行聚类分析探测了网络中的子网络结构。从图4-3中可以看出高校微博信息传播网络中存在16个子网络结构和4个大的凝聚子群。高校微博信息传播网络的凝聚性较高，凝聚子群的网络规模呈现逐渐减少的趋势。图4-4展示了k值大于2的网络节点的聚类结果。从中可以发现高校微博信息传播网络中形成了以清华大学、北京大学、武汉大学、华中科技大学四个高校为核心节点的网络结构，说明这四所高校拥有较为稳定且范围较广的话语受众。综上，高校微博信息传播网络具有"较小的网络直径""较小的聚类系数""符合幂律分布""稀疏网络"的特点，无标度网络特征明显。

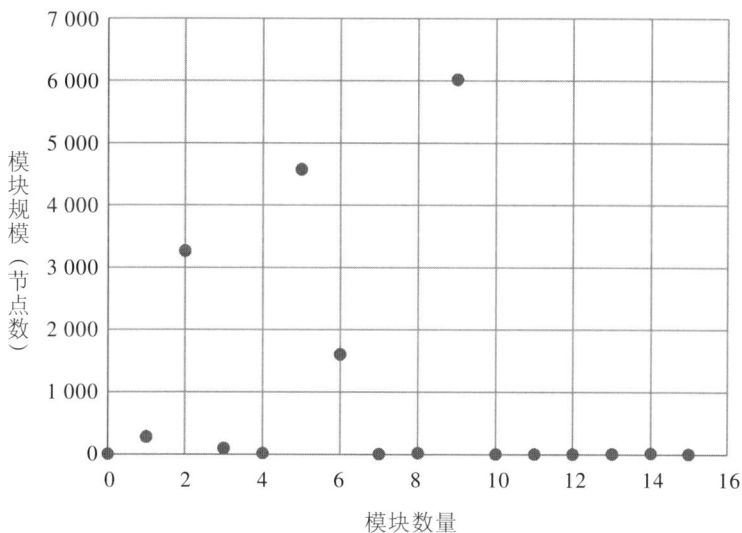

图4-3 高校微博信息传播网络模块化社区探测结果

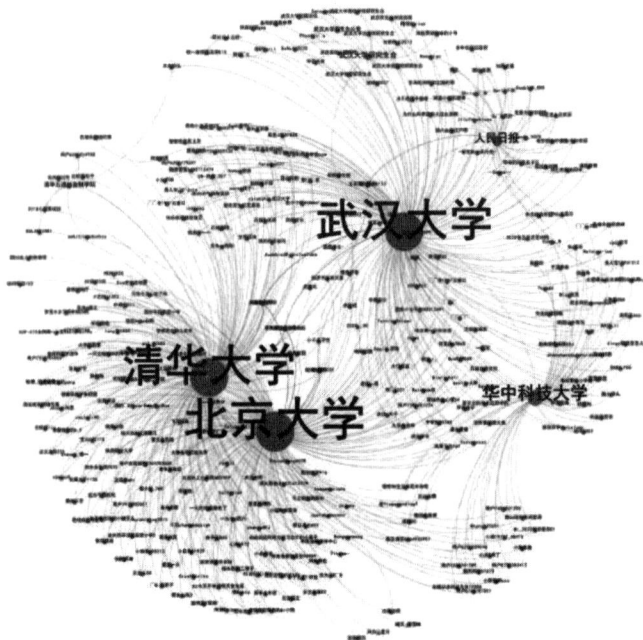

图 4-4　k≥2 时高校微博信息传播网络模块化聚类结果

4.1.2　高校信息传播地域路径与情感路径特征

本书在高校新媒体信息传播网络结构特征的基础上，结合相关案例对情感路径及地域路径特征进行分析，揭示了基于转发行为的高校信息传播特征。通过对话语受众转发行为附带的文本进行地域数据和情感数据提取，分析了新媒体环境下高校信息传播的地域路径及情感路径特征，发现具有以下两个特征。

1）信息传播广度扩大，地理位置限制弱化

高校通过新媒体平台对关注用户和整个社会产生了深刻影响，用户通过转发行为接收高校信息或对高校信息进行二次传播。本小节通过转发信息的发布地区对高校微博信息的地域传播路径进行分析，探索高校微博信息传播广度。共收集到12 531条带有发布地区的转发信息，其中海外转发数据187条，详细的转发地区分布情况如图4-5所示。

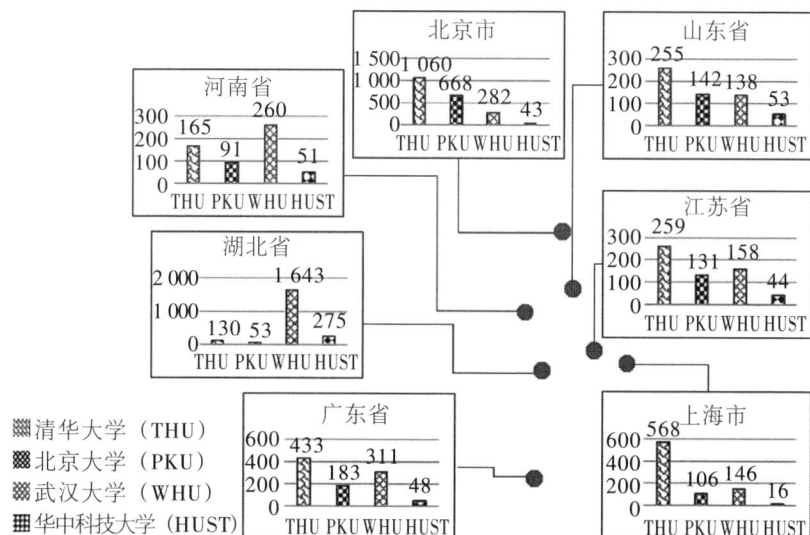

图4-5　高校微博信息传播网络地域分布特征

四个高校一个月内的信息通过转发传播到全国各个省份和一些海外地区，说明高校通过新媒体能够在全国范围内产生影响。影响最大的地区为湖北省，武汉大学在该地区的影响力最大，其次为华中科技大学。影响第二大的地区为北京市，其中清华大学传播力最强，其次为北京大学。湖北省（2 101）和北京市（2 053）两个地区的传播强度最大，而其他地区的传播强度都低于1 000，其中传播强度大于500的5个地区分别为广东省、上海市、江苏省、山东省和河南省。在广东省、上海市和江苏省，清华大学的传播力最强，影响最大，其次为武汉大学，之后为北京大学。在山东省，清华大学和北京大学传播力最强，武汉大学稍弱于北京大学。在河南省，武汉大学的传播力最强，之后依次为清华大学、北京大学和华中科技大学。综上，高校新媒体在地域上的传播力强度和现实地理位置相关，一般来说对高校所在地及其相邻地区的影响力较大。对于距离较远的地区，高校新媒体传播力正在超越现实地理位置的束缚，与现实距离的关系不紧密。

2）积极情感传播为主，负面舆情事件影响大

本书采用情感词典方法对高校的转发信息进行情感分析，如图4-6所示。从图4-6中可以看出，在正向和负向情感中，高校信息传播带来的情感影响大部分都是正向情感，只有小部分信息表达了负向情感倾向。

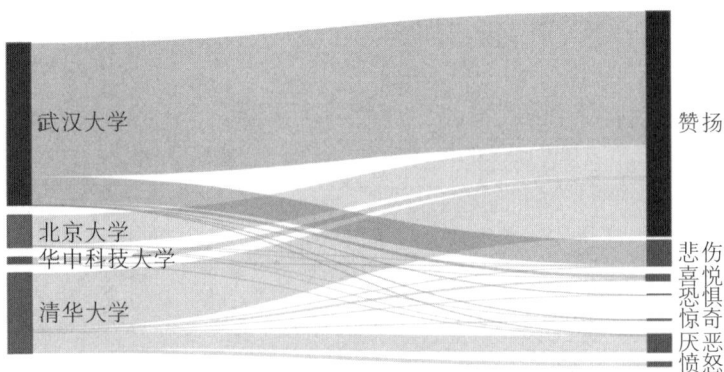

图4-6　高校信息传播情绪词桑基图

对于本书案例中的四所学校，正向情感占比最大的是赞扬，也有喜悦与惊奇的情感表达。用户在转发信息时可以带有任意个人情感倾向，一些负面情感表达，比如悲伤、恐惧、厌恶、愤怒等也出现在情感解析中。武汉大学信息传播过程中的悲伤情感倾向和清华大学信息传播过程中的厌恶和愤怒情感倾向值得注意。追溯原始数据发现武汉大学转发信息中的悲伤情感倾向来自于武汉大学官博在2020年10月18日发布的有关张俐娜院士逝世的消息。该消极情绪是受到了高校情绪的影响，虽然话语受众表现了消极情绪，但同时体现了高校网络话语的情绪感染力。清华大学信息转发过程中的愤怒与厌恶情感倾向来自于2020年11月17日清华大学的两位同学因为误会引发的网络舆情事件。由此可见，负面

网络舆情事件对高校声誉影响很大，高校需借助新媒体平台快速响应，进行舆论引导，预防舆论向不可控方向发展。另外作为教育主体，高校应加强引导学生理性看待网络事件，培养学生理性思考能力。

综上，受众转发行为能够影响高校网络舆论引导力，其生成的文本内容为高校网络舆论引导力的评价提供了细粒度的参考单元，如地理位置信息、情感信息等，可以作为高校网络话语传播效果、影响效果的评价参考。另外基于以上分析发现，相对于单纯使用话语受众情感值，将话语受众情感与高校情感的一致性作为舆论引导力评价的情感影响要素更为合适。

4.1.3　信息传播中话语受众对高校网络舆论引导力的影响路径

新媒体舆论环境下话语受众的交流互动行为给高校信息传播带来了新的特征。移动互联网技术的发展塑造了新的舆论生态，造就了目前集聚最多网络用户的新媒体应用平台。高校借助这些新媒体平台能够实现日常信息传播，产生巨大影响力。与传统网络平台相比，微博、微信、短视频等新媒体平台的信息传播速度更快、传播范围更广泛、灵活性更强、互动机制更突出。新媒体平台信息传播的最大特点是较强的交流互动机制。在高校网络舆论引导力形成过程中用户能够通过一系列互动机制参与到信息传播过程中，从而对高校网络舆论引导力产生影响，其影响路径如图4-7所示。

高校通过新媒体平台进行话语转换，将包含主流意识形态及价值观的信息转换为网络话语，并且结合图片、视频、动画等技术将信息推送给话语受众。用户在接收到相关信息后，认知层面发生变化，产生了关注、点赞、评论、转发等行为。分享、转发行为能够进行二级传播及多级传播，提高高校信息传播的深度。吸引新用户关注等行为则会进一步加强高校信息传播的广度。用户的反馈行为能够体现受众在情感及主题上的接受认同程度，作用于高校下一次信息传播过程，不断提升高校的信息传播力与话语影响力，增强高校网络舆论引导力。

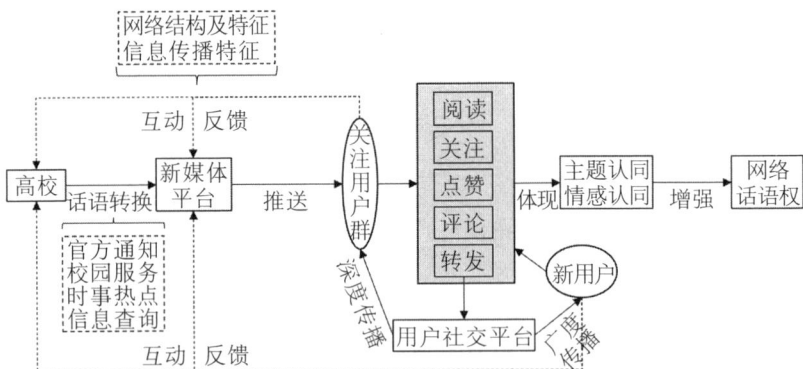

图 4-7　新媒体环境下高校信息传播过程中话语受众影响路径

4.2　新媒体环境下高校网络舆论热点特征及影响路径

目前较多学者关注到网络舆情引导与网络舆论引导力之间的联系，并产生了一系列研究成果，但主要集中在政府类网络舆情引导和舆论引导力建设领域。高校网络舆情引导和高校网络舆论引导力尚未出现系统的研究，相关研究路径与理论框架仍在探索。本书借鉴已有研究，从网络热点事件中的公众参与行为、高校回应以及情感变化三个方面研究网络热点事件中受众行为对高校网络舆论引导力的影响路径。基于案例对高校网络热点事件进行量化分析，探索了高校网络热点事件中用户参与行为特征、情感变化特征及其对高校网络舆论引导力的挑战，为新媒体环境下高校网络舆论引导力评价提供理论基础，并为相应的应对策略提供参考。新媒体环境下网络用户群体特征会引发大规模关注、评论、转发等网络行为，产生具有明显倾向性的网络舆论，形成网络热点事件。高校网络热点事件由话语受众行为与网络舆论相结合形成，是话语受众对高校作用力的体现。本节案例数据选择 2020 年 1 月 1 日至 2020 年 12 月 31 日微博平台上的舆情数据，热点事件采用微博热搜数据。

4.2.1　高校网络热点事件特征

根据是否为高校热点事件以及热点事件的影响两个维度对热点事件进行划分（见表 4-3）。热点事件的影响主要从正面影响、负面影响以及未表现明显倾向三个方面进行划分。正面热点事件也称正面事件，是指该热点事件释放出了积极正面的信息，能够给受众带来积极的情绪，有利于维护公共利益、促进社会和谐发展，如"北师大开通疫情心理支持热线"。负面热点事件也称负面事件，是指该热点事件释放出消极负面的信息，给社会稳定或者公共利益带来损害，如"某高校学生拍摄虐猫视频贩卖"。除正面和负面事件外，还有与高校相关的热点事件未表现明显倾向性，如"我国每年有超 800 万高校毕业生"。

表 4-3　　　　　　　　　网络热点事件的倾向性

	正面事件	中性事件	负面事件	合计
高校舆情事件	494	279	298	1 071
	46.13%	26.05%	27.82%	100%
非高校舆情事件	18 122	40 910	12 261	71 293
	25.42%	57.38%	17.20%	100%
总计	18 616	41 189	12 559	72 364
	25.73%	56.92%	17.35%	100%

1）公众对高校网络热点事件具有正面偏好，但负面事件热度更高

采用情感分析对高校舆情事件和非高校舆情事件两种类型的微博

热搜进行分析，确定舆情事件本身的倾向性。高校热点事件占据所有热点事件的1.48%。高校舆情事件和非高校舆情事件相比，正面事件与负面事件的占比都较高，整体正面事件（46.13%）多于负面事件（27.82%）。使用SPSS对事件属性与事件倾向性进行卡方检验，事件属性是指是否为高校事件，事件倾向性是指事件的正负向倾向。卡方检验值为13.833，P值为0.001，P值小于0.05，说明在公众关注的高校网络热点事件中，事件属性与事件倾向性之间存在相关关系。对于高校来说，正面事件和负面事件都很容易引起关注。采用热点事件的热度进一步了解高校网络热点事件的特征，热度数据来源于微博热搜榜自带的热度指标。高校热点事件中正面事件和负面事件的热度指标分布特征见表4-4。公众对高校热点事件的关注具有正面偏好，正面事件占比更大，但是负面事件的热度更高。高校作为教育机构和大学生聚集地，在公众中以正面形象为主，凭借机构特征及自身属性能够吸引公众注意力，积极影响更大。正面热点事件能够进一步加深高校的正面形象，打造品牌效应，提升网络舆论引导力。但一旦高校出现负面行为或者负面事件，也能够迅速引起公众注意，成为热点舆情。面对负面事件时高校需要及时发声，进行舆论引导，挽回自身形象。

表4-4　　　　　　高校网络热点事件热度指标分布特征

事件倾向性	案例个数	热度平均值	热度标准偏差	热度最小值	热度最大值
正面事件	376	153 532.8	96 829.06	11 461	1 151 453
负面事件	242	166 040.8	161 739.5	8 022	1 497 692

2）高校负面热点事件传播具有"破窗效应"

"破窗效应"属于犯罪心理学理论，该理论认为某环境中的不良现象如果一直被放任不处理，则会引起争相效仿，甚至变本加厉。对2020年高校负面热点事件进行统计，在高校负面热点事件中，某类事件成为舆论热点后类似事件会增加，存在"破窗效应"。"破窗效应"的存在还进一步扩大了负面舆论的影响范围和持续时间，不利于高校舆论引导力和公信力的培养。虽然破窗事件发生后较长一段时间内同类事件的发生频率没有很大波动，但是会引起公众更多的关注，给大众造成同类负面热点事件越来越多的错觉。当高校出现某一类负面事件时，即使已经进行了处理与纠正，并尽量降低类似事件发生，但是只要同类事件在"破窗效应"期间再度发生，就会更容易引起公众关注，再次成为舆论关注焦点。这种现象会使得公众对高校不信任的情绪和心态持续更长时间，将削弱高校公信力及舆论引导力。

3）负面舆情事件热度变化受高校回应影响

大部分热点事件在报道之初热度最高，此后随着高校回应再次成为热点，但是热度会呈现不同程度的衰退。负面热点事件使高校成为网络舆论中心，推动高校做出回应，对舆论进行引导。整体而言，在高校负面热点事件中存在热度衰退的趋势，这种热度衰退与高校回应的"时、度、效"有关系，把握不好"时、度、效"将削弱高校网络舆论引导力。

4.2.2 高校网络热点事件中用户参与特征

相对于现实生活中的公众参与行为，新媒体平台的用户参与行为呈现不同特征，也区别于早期网络时期公众参与行为。为进一步了解新媒体平台中公众参与行为对高校网络舆论引导力的影响，本书分别选择一个正面热点事件"清华北大互相开放部分本科课程"和一个负面热点事件作为案例对其热度最高的微博评论内容进行分析。第一条微博内容为清华北大互相开放部分本科课程，在剔除无效评论后共得到351条评论。第二条微博内容为某高校回应学生事件，在剔除无效评论后得到了4 948条评论。本书对这些微博评论内容进行文本和情感分析，发现高校热点事件中用户参与具有以下特征。

1）评论对象扩大化

对微博评论内容进行中文分词和词频统计发现，公众评论对象具有扩大化趋势。公众评论对象没有全部聚焦在事件本身，而是会扩大到相关事件及对象，产生发散性评论。在清华北大互换本科课程学分事件中，具备实体意义的高频词有本科、课程、通知书、科技、学院、教育、学术等。受众对该事件的讨论不仅仅停留在课程本身，也会讨论高校本身的教学质量、学术水平、学院设置等情况。在负面事件中，评论对象扩大化的倾向更明显。公众不仅会讨论该校封闭校园的合理性，还会更多地宣泄对高校管理、校领导处理方式的不满情绪。高校学生及公众对高校回应产生严重的不信任感，负面舆论倾向加剧，严重损害了高校舆论引导力。

2）评论内容主观臆断

基于高频关键词构建共现矩阵及共现网络（如图4-8、图4-9所示）可以了解不同频次关键词的相关关系，得到相关性较高的关键词组合。

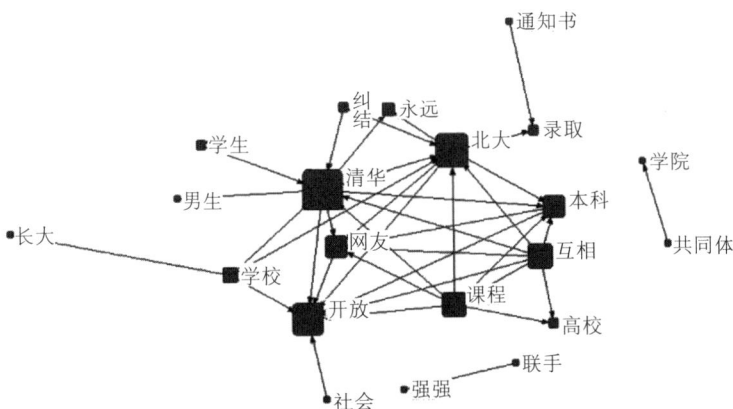

图4-8　高校正面事件热门评论关键词共现网络

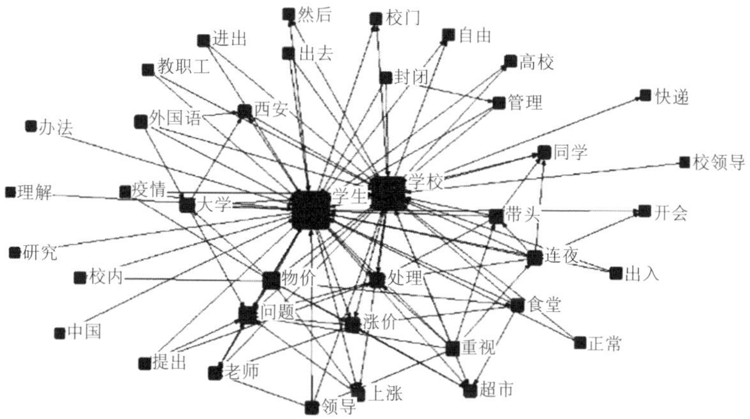

图4-9 高校负面事件热门评论关键词共现网络

从评论内容的高频关键词共现网络可以看到，对于高校负面事件，评论内容更加容易产生主观臆断性。在清华和北大互换课程学分的正面事件中，公众主要讨论事件本身，同时表达羡慕之情。在负面事件中，"学生"和"处理"之间的共现频次很高，达到了240次。经过对原始数据分析发现不少评论表达了高校处理喊楼学生、校领导投资学校食堂、包庇腐败等观点。这部分观点在高校回应中没有出现，显示明显的主观臆断性。另外能够体现主观臆断的词就是"微博"和"热搜"，有评论认为舆论可以推动高校处理相关问题，没有舆论就不会有回应。这种主观臆断性的评论会加剧事件的负面影响，严重损害高校形象和声誉。

3）负面情绪群体感染现象突出

微博评论内容的情感分布见表4-5。样本数据中负面事件中负面情绪占比最大，达到70%，这其中还未包括评论中采用讽刺、挪揄等语言风格表达的负面情绪。负面事件的评论包含了对学校管理的不合理、回应敷衍的批评。评论完全陷入一种纯粹的负面情绪发泄中，一定程度上表现了在负面热点事件中公众情绪具有群体感染现象。群体感染是指某种情绪或行为在暗示机制的作用下以异常的速度在人群中蔓延的过程。学者在对网络现象分析中发现网络空间中情绪同样具有群体感染现象。本书的研究证明了在高校热点事件中，尤其是在负面热点事件中，公众的情绪具有明显的群体感染现象。新媒体平台中用户的匿名性、虚拟性导致用户表达情绪的语言、用词更加激进。同时平台能够迅速聚集大量同一利益群体，激发情感共鸣，情绪的群体感染现象更加明显。

表4-5 高校热门评论情感分布统计

话题	正面情绪	中性情绪	负面情绪	评论总数
清华北大互换学分事件	46%	36.29%	17.71%	350
高校负面事件	13.47%	12.15%	74.38%	4948

热点事件中公众情绪的群体感染现象会导致话题参与者与讨论者在谈论话题的过程中逐渐偏离事件本身涉及的话题，难以保持客观、冷静的思维方式看待事件本质。高校的机构属性要求其必须以克制、理性、公正、客观的态度去回应问题，限制了其在宣传和话语表达中的情感感染力和情绪张力，难以引起公众情感共鸣。而对学生群体来说，高校往往被视为强势主体。在负面舆情中，大部分公众是青年学生，属于相同利益群体，会更加容易倾向弱势一方，表达对高校的不满与批评。这一系列的现象既是高校网络舆论引导力流失的原因，也是高校在新媒体时代必须面对的困境。

4）公众言论认同时间聚集性高

微博评论的点赞可以认为是一种情感认同[1]，因此点赞量可以看作认同程度的表征。本书选择点赞数大于1的评论构建了评论时间（自变量）与认同程度（因变量）之间的散点图。从图4-10可以看出

---

① 江燕青，许鑫. 半衰期视角的微博信息老化研究——以高校官方微博为例［J］. 图书情报知识，2016（2）：92-100.

高点赞数在评论时间上表现出了较强的聚集效应，即高点赞的评论通常出现在前十分钟。公众评论表现的认同度在时间上的聚集效应加剧了沉默螺旋效应。沉默螺旋效应会导致舆论倾向趋向单一化，显示出绝对的优势意见。微博的评论机制区别于现实生活中的谈论与评论机制，公众的言论认同出现高度的时间聚集效应。较早评论的观点更加容易得到认同，从而引领舆论导向成为意见领袖和优势方。较晚的评论或者不同的意见倾向没有得到认同，逐渐成为沉默的一方。这种效应对高校舆论引导十分不利。由于高校的机构属性，其发声和回应需要经过一定流程的控制和审核，往往不能第一时间进行回应。回应缓慢，叠加热度衰退与认同时间聚集效应使高校更容易处于不被认同的一方，耽误舆论引导的关键时间。

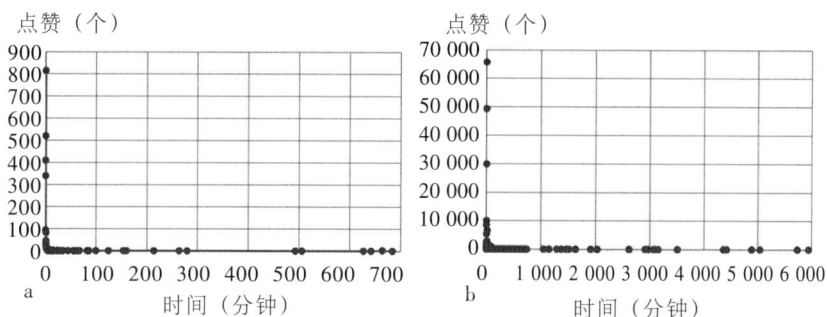

图4-10　网络评论中时间与点赞数散点图

注：其中a图为正面事件热点微博评论，b图为负面事件热点微博评论。

4.2.3　热点事件中受众行为对高校网络舆论引导力影响路径

基于新媒体平台的公众参与与现实生活中的用户参与具有明显区别。在研究公众参与特征的过程中本书主要从评论出发探究评论文本内容及情感特征，从微观角度对新媒体环境下公众参与行为特征进行分析。在网络舆论与公众参与行为的共同作用下，高校网络舆论引导力会受到不同程度的影响。政府形象是由政府本体、各种传播媒介、用户参与行为与用户认知等多因素共同作用的结果①。高校与之类似，高校形象会受高校行为、用户参与行为与公众评价的影响，这些都会对高校网络舆论引导力产生影响。本书借鉴该论文构建了热点事件对高校网络舆论引导力的影响路径，如图4-11所示。

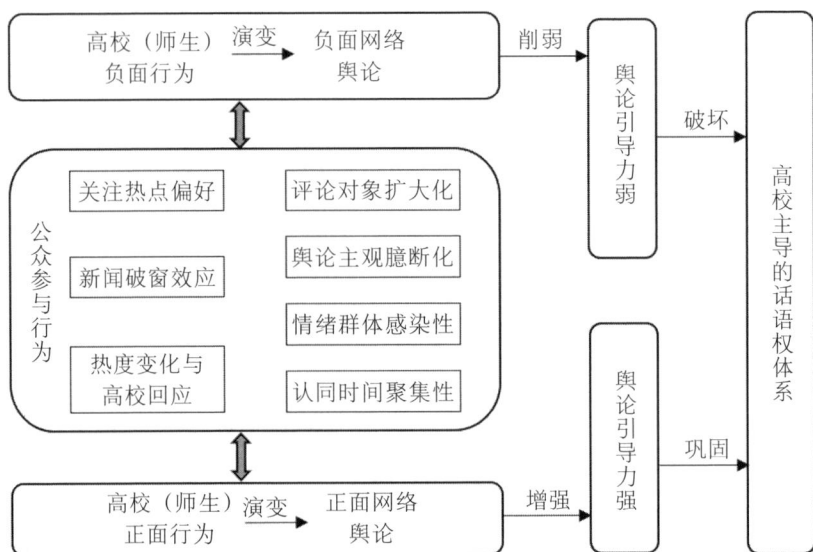

图4-11　新媒体环境下高校网络舆论热点中话语受众影响路径

公众对高校网络热点事件的反应更加敏感，情感反应更极端。高校网络热点事件传播过程具有"破窗效应"。整体而言负面热点事件的热度呈现衰退趋势，并与高校回应相关。高校网络热点事件中公众参与行为表现出评论对象扩大化、评论内容主观臆断、负面情绪群体感染性及公众言论认同时间聚集性等特征。这些特征会扩大网络舆论及网络情绪的影响力，在正面热点事件和负面热点事件中产生不同的影响。正面网络热点事件会产生正面网络舆论及积极

---

① 刘红波，高新珉. 负面舆情、政府回应与话语权重构——基于1711个社交媒体案例的分析 [J]. 中国行政管理，2021，4（5）：130-137.

情绪，增强其正面宣传效应，增强高校舆论引导力，巩固高校主导的舆论引导力体系。负面热点事件会产生负面网络舆论及消极情绪，损害高校形象及声誉，削弱高校舆论引导力，破坏高校主导的网络舆论引导力体系。

4.2.4　新媒体环境下高校网络舆论引导力评价指标特殊性分析

新媒体环境下信息传播和网络舆论生成模式的变化提升了话语受众地位，增强了话语受众作用，对高校网络舆论引导力及其评价都产生了重要影响。新媒体环境下高校网络舆论引导力评价应该注意以下两个方面。

（1）新媒体环境下高校网络舆论引导力评价要注重高校与话语受众之间的相互作用路径，尤其要注重话语受众的主动作用。

新媒体环境下高校信息传播特征、高校网络热点事件特征揭示了话语受众对高校网络舆论引导力的影响路径及作用机制。新媒体舆论场中高校与话语受众的相互作用存在两种路径：一种是高校通过信息传播影响话语受众，通过得到话语受众的认可从而获得网络舆论引导力。此路径侧重于高校对话语受众的单向作用，话语受众的作用只表现在强化高校网络舆论引导力效力。另一种是话语受众因群体效应通过网络舆论反向作用于高校。高校在舆论压力下发声对网络舆论进行引导，作用于话语受众。网络热点事件体现了话语受众与高校之间的双向作用，尤其是话语受众的主动作用机制。

在信息传播过程中，高校通过新媒体平台进行话语转换。话语受众的关注、点赞、评论、转发等行为不仅体现了受众的接受认同程度，而且提高了高校信息传播的深度和广度。话语受众的反馈促使高校的下一个信息传播过程不断完善话语技能，提升网络话语的传播力和影响力，增强其网络舆论引导力。对高校话语传播力进行评价，在考虑高校对话语受众的单向作用路径，注重高校传播内容数量与质量的同时，也要注重话语受众对高校传播力的增强效应，如关注行为带来的传播广度变化和转发行为带来的传播深度变化。在高校话语影响力评价中，除了关注高校传播内容对话语受众的影响外，也要考量话语受众行为对高校网络舆论引导力的反作用路径。

新媒体舆论环境下受众通过群体效应引发的网络舆论作用于高校，进而对高校网络舆论引导力效果产生影响。案例分析发现公众对负面事件关注热度更高；高校负面热点事件传播具有"破窗效应"；负面舆情事件热度变化与高校回应相关。在网络舆论与用户参与行为共同作用下，高校舆论引导力受到正面舆论与负面舆论不同程度的影响。因此对高校网络舆论引导力的评价要考虑高校与话语受众在网络热点事件中的相互作用路径，既包括高校的输出与应对，也包括话语受众的认同程度的反馈。

（2）新媒体环境下高校网络舆论引导力评价指标要注重话语受众行为与受众输出内容，尤其是在主题、情感与行为上表现出的接受与认同。

新媒体环境下受众行为的群体特征会作用于高校网络舆论引导力，包括从众效应作用机制、情绪感染效应作用机制、群体极化效应作用机制。新媒体环境下高校网络舆论引导力的具体表现形式发生了显著变化。话语受众的行为表现及内容输出为高校网络舆论引导力评价提供了更丰富、更细粒度的反馈数据。高校网络舆论引导力的评价要重视这些新变化，充分利用这些反馈数据发掘、测评话语受众的接受认同程度。

受众行为是高校网络舆论引导力评价的重要表征。通过案例分析发现受众转发行为能够拓展高校信息传播深度，弱化地理位置限制，并且转发内容以积极情感为主。同时话语受众行为体现出对高校信息传播的接受认同程度。新媒体环境下高校网络舆论引导力评价要素应包括话语受众的行为表征，包括转发、评论、分享、收藏、点赞等行为。

受众输出内容可以为高校网络舆论引导力评价提供更细粒度的表征指标。通过案例分析发现高校热点事件中用户评论内容呈现评论对象扩大化、评论内容主观臆断、负面情绪群体感染性及公众言论认同时间聚集性等特点。受众输出内容中包含了受众的情感、思想、主题等，具有极强的情绪感染力，为高校网络舆论引导力的评价提供了更细粒度的参考单元。因此对高校网络舆论引导力评价要素的分析要重视话语受众从话语内容中体现出的情感、主题等方面的接受认同。

4.3 新媒体环境下高校网络舆论引导力的评价维度及指标解析

本书基于新媒体环境下受众行为群体特征作用机制、高校与话语受众的相互作用路径和高校网络舆论引导力效果表征形式揭示了高校网络舆论引导力的评价指标解析路径，并对各指标内涵进行揭示。

4.3.1 评价指标解析路径

基于新媒体环境下传播媒介变化及话语受众作用增强的现实生态，本书以科学评价理论为指导，通过解析高校网络舆论引导力的产生要素及相互关系，构建了囊括高校网络舆论引导力生成路径各个环节的高校网络话语评价指标解析路径，其解析过程及关系如图4-12所示。

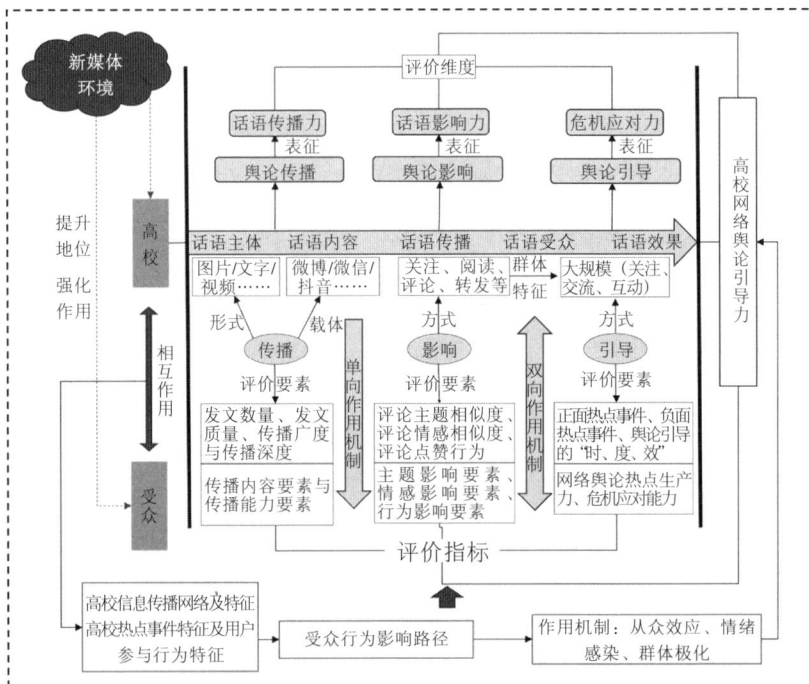

图 4-12　新媒体环境下高校网络话语权指标解析过程

　　整个解析过程包含话语主体、话语内容、话语传播、话语受众及话语效果五个要素，贯穿高校网络话语权的产生、传播、认同、反馈等阶段。结合高校与话语受众的相互作用及高校网络舆论引导力具体表现形式，从上至下推导了计量学视角下高校网络舆论引导力的评价维度及指标，最终形成了以话语传播力、话语影响力和危机应对力为核心的高校网络舆论引导力评价指标体系。

　　首先，确立了高校网络舆论引导力的评价维度。高校网络舆论引导力的形成过程是评价工作的中心线。高校网络舆论引导力在话语主体、话语内容、话语传播、话语受众、话语效果五个要素的相互作用和有效转化过程中形成，是评价的基础。新媒体环境下高校网络舆论引导力形成机制的研究表明高校网络舆论引导力来源于能力，主要包括话语传播、话语影响及舆论引导。根据评价理论，基于作用力表征确立了话语传播力、话语影响力和危机应对力三个评价维度。

其次，分析了新媒体环境对高校网络舆论引导力评价的影响，为评价指标的萃取提供理论支撑。区别于传统舆论环境，新媒体环境下话语受众地位与作用显著增强，高校与话语受众相互作用明显。话语受众成为高校信息传播的重要一环，不仅能够影响高校信息传播网络结构及路径，还能够通过网络舆论反作用于高校，对高校网络舆论引导力产生影响。新媒体环境下受众作用的增强使得高校网络舆论引导力的评价呈现其独有的特殊性。新媒体环境下高校网络舆论引导力评价需要将高校与话语受众之间的相互作用纳入评价考量，尤其要注重话语受众通过网络舆论对高校的主动作用机制。新媒体环境下高校网络舆论引导力评价指标需要进一步挖掘话语受众行为与输出内容，尤其是受众在主题、情感与行为上的接受与认同度。

最后，确立了高校网络舆论引导力各评价维度的指标，如图4-13所示，该评价指标体系囊括了内容特征与规模特征。新媒体环境下高校信息传播形式包括图片、文字、视频等多种类型，传播载体包括微信、微博、短视频等多种平台。高校话语传播力的评价分为传播内容和传播能力两个二级指标。传播内容包括内容数量和内容质量等，具体指标根据新媒体平台特征与高校社会职能指定，如原创率、发文量、转发量等新媒体特征指标，学术知识传播指数、思政教育传播指数、校园文化传播指数等高校职能特征指标。传播能力包括传播深度与传播广度两个二级指标，具体指标从信息传播网络中萃取，如粉丝数、转发层级等。新媒体环境下高校话语影响力测度高校设置议题对话语受众的影响程度，从话语受众的行为反馈中挖掘，包括主题影响、情感影响、行为影响等方面。话语受众行为反馈包括点赞、关注、评论等行为以及行为附带的文本信息。自然语言分析能够进一步挖掘文本信息中包含的情感、主题等细粒度参考单元。社会影响也是高校社会服务职能的重要体现，新媒体环境下高校危机应对力包括正面舆论热点生产力和负面舆论危机应对能力两个方面。具体指标根据舆论引导的"时、度、效"要求在网络舆论的产生、传播与应对过程中提取。高校在网络空间的社会服务职能具体包括网络思政教育、学术知识传播、校园文化传播和网络舆论引导。因此对高校传播内容的主题进行挖掘，学术知识传播指数、思政教育传播指数、校园文化传播指数以及舆论引导力等指标都体现了高校特征。本书基于网络新媒体构建了评价指标体系，转发、关注、评论、热度等互动指标体现了新媒体特征。

图4-13　新媒体环境下高校网络舆论引导力评价维度及指标

4.3.2 话语传播力维度及指标

话语传播力是高校网络话语表达与传播能力的表征指标。新媒体舆论环境下高校话语依托各种新媒体平台传播。根据不同的划分标准可以将高校新媒体分为多种类型。按照运营主体不同可以细分为官方新媒体、社团新媒体、学生组织新媒体、院系新媒体、行政部门新媒体等类型。根据新媒体平台不同可以分为微博、公众号、短视频、头条号等。高校新媒体成为高校在网络空间的主要表达通道，架起了高校对外交流互动的桥梁。根据高校网络话语表达权在新媒体环境下的内涵，本书从传播内容与传播能力两个方面对高校话语传播力进行评价。

1）传播内容

传播内容生产力是传播能力的基础。传播内容包括传播内容数量和传播内容质量两个二级指标。高校发布的信息数量越多，包含高校学术知识、意识形态和价值观念的信息量越大，对信息受众产生影响的可能性就越大。信息发文数量是影响高校话语传播力的第一个要素。传播内容的质量是影响高校话语传播力的另一个重要因素。只有高质量的传播内容才能引起受众关注与共鸣，扩大传播范围和传播深度。新媒体环境下信息内容的原创性、丰富性、生动性、信息服务的质量等都是影响传播能力的关键。但是对高校来说，借助新媒体对学术知识、思政教育及校园文化等内容进行传播是实现高校职能的重要组成部分，也是高校网络舆论引导力的体现。因此本书对新媒体环境下高校话语内容传播力的评价从高校对学术知识、思政教育、校园文化等内容的传播指数着手。

2）传播能力

高校信息只有通过有效传播使话语受众接收信息，才能进一步产生认同与反馈，实现高校网络舆论引导力。高校网络舆论引导力在信息传播过程中产生也在信息传播过程中体现，因此高校信息传播能力是高校网络舆论引导力能够有效实现的重要前提。高校信息传播能力的评价包括两个指标，分别为传播广度和传播深度。传播广度是指信息传播的范围。在新媒体平台中粉丝数是传播广度最直观的体现，代表高校每次发布信息能够直接传播的范围。传播深度是指经过转发而进行的二次或多次深度传播。上节对高校微博的案例分析证实转发行为能够促进高校信息的深度传播，扩大高校信息的影响力，但目前高校信息传播的深度还有待进一步提升。信息传播网络结构为高校信息传播广度与深度评价提供了另一个视角。在信息传播网络中，节点之间信息传播目的和动机的差异性导致节点传播力的不同。一般来说核心节点传播力大，信息传播经过核心节点时会产生"涟漪效应"[1]，加速信息传播。意见领袖[2]节点能够拓宽信息传播的广度与宽度。此外，信息传播力还和网络规模有关，信息传播网络规模越大，越有利于信息的扩散，加速信息传播。

4.3.3　话语影响力维度及指标

本书根据上节对高校话语影响力的分析，从话语受众在行为、主题、情感方面表现出的认同与接受程度来评价话语影响力。在新媒体舆论场中高校话语影响力主要体现在高校设置的议题内容对话语受众的影响，对其评价包括三个要素，分别为主题影响、情感影响和行为影响。

1）主题影响

主题影响是指高校网络议题设置后，话语受众在主题上的跟随

---

① 刘继、李磊. 基于微博用户转发行为的舆情信息传播模式分析 [J]. 情报杂志，2013, 32（7）：74-77；63.

② 刘洪涛，陈慧，方辰，等. 微博意见领袖对微博信息传播的影响研究 [J]. 情报科学，2015, 33（12）：51-55.

度，衡量高校在网络议题内容上对话语受众的影响力。根据意见领袖理论及现有研究，高校网络议题的影响可以根据评论内容、转发内容等与议题的相似度进行衡量，此处是衡量高校是否具有意见领袖的能力。根据两级传播理论，意见领袖通常在与其他网民进行互动交流过程中能够影响他人判断、改变他人认知。本书通过话语受众评论内容主题与高校网络议题主题的相似度，构建主题影响评价指标，对高校话语影响力进行评价。

2）情感影响

情感影响指信息受众表现在情感上的追随与认同，是高校网络舆论引导力的重要体现。随着新媒体技术的发展，社交媒体用户规模爆发式增长，用户发表观点、表达情感的行为越来越多。网络用户发表的带有情感倾向的内容所形成的舆论效应对公共政策制定、社会治理、机构社会口碑等有重要影响。用户生成内容的情感挖掘与分析在决策和政策制定中越来越受重视，成为了解公众反馈的重要手段。目前从评论中提取用户情感倾向多用于电商产品及网络舆情两个研究领域。对高校来说，话语受众在接收高校信息后反馈出的情感倾向能够一定程度上反映高校在新媒体平台上的话语影响力。积极正向的内容有利于高校建立良好的品牌和口碑，发挥高校价值引领功能，形成持续的良性循环。上文对转发内容的情感分析发现受众内容表达出的悲伤等消极情绪同样受到高校话语议题的影响，通过对情感跟随度与情感支持的测量，发现简单使用话语受众情感值作为舆论引导力情感影响指标并不合适。因此本书使用话语受众情感值与高校话语情感值的相似度作为情感影响的评价指标来评价高校网络议题对话语受众的情感影响。研究中话语受众的情感值从评论内容、转发内容、讨论内容中挖掘。

3）行为影响

高校话语影响力中的行为影响指标的衡量标准是信息受众的行为

反馈，包括点赞、阅读、转发、分享等。受众行为反映了话语受众对高校推送内容的认可度和喜爱程度，同时也反映了高校通过信息传播对信息用户的影响力。话语受众行为能够反映高校网络舆论引导力建设水平。点赞行为表明了信息受众对推送内容质量的认可；分享与转发行为属于信息内容的二次传播及多次传播，不仅体现了对信息内容的认可，同时也体现了高校新媒体的传播力；收藏行为更能反映信息受众对信息内容价值或者功能的高度认可，体现了信息内容的质量与信息主体的舆论引导力。

4.3.4　危机应对力维度及指标

舆论引导力是评价高校对网络舆论的正向导向能力。坚持正确舆论导向、提升舆论引导力是党和国家对宣传思想战线的要求，具有深厚的理论支撑。从马克思主义新闻观到习近平总书记提出的新闻舆论引导力，中国的舆论引导是马克思、恩格斯等革命导师关于新闻、宣传与舆论的经典论述与中国具体实践相结合的产物，正在不断发展和完善。近年来，随着新媒体平台和技术的发展，一个透明、公开、传播速度更快、互动性更强且存在海量数据的舆论场正在形成，并对整个舆论格局产生了巨大影响。在当前网络伦理不完整、网络管理不规范的情况下，这种新的舆论场体现出了"双刃剑"的特征。高校是人才培养的重要基地，面对知识层次高、参与意识强、思想自由开放的大学生，如何在新媒体舆论场中用好舆论引导力、争取主动权、提升舆论引导力，是高校急需解决的问题。

作为思想政治教育的主体，高校舆论引导需要保证意识形态的正确性和舆论引导的正面性。高校舆论引导的重点就是发挥舆论的正面导向，抑制负面效应。本书将高校舆论引导力分为两个方面，分别为对正面舆论的宣传和对负面舆论的抑制，具体而言从高校正面舆论热点生产力及负面舆论危机应对能力两个表征指标对高校舆论引导力进行评价。正面舆论热点生产力是指高校的正面行为受到网络用户关注，并通过转发、评论等行为成为社会热点的生产能力，发挥正面宣传与引导的作用。负面舆论危机应对能力是指通过对负面舆情事件的回应将网络舆论从负面导向正面的能力。结合舆论引导的"时、度、效"要求的具体内涵，本书对正面舆论热点生产力与负面舆论危机应对能力的评价要素进行提取。

1）高校危机应对"时、度、效"要求

全国宣传思想工作会议指出：做好舆论引导工作，一定要把握好时、度、效。作为新时代网络舆论引导工作的精髓，国家相关文件指示为新媒体环境下高校网络舆论引导提供了方法论。"时"就是要把握好舆论引导的最佳时机，不早不晚。"度"就是要把握好舆论引导话语的分寸，处理好各种关系，协调好各种矛盾。"效"就是要保证舆论引导的效果，善于因势利导，引导受众正确认识事物真相。因此也从"时、度、效"对高校网络舆论引导提出要求，具体内涵如下：

（1）时，把握舆论引导的最佳时机

高校进行舆论引导时要把握好时机，需要择时、适时。高校需要准确把握网络舆论的关注点、转折点及峰值点，抢占舆论引导的最佳时机，做到关键时刻不失语。针对网络舆情发展演变的不同阶段，舆论引导的应对方式和效果也有所区别。网络舆论形成阶段主要有三种模式，针对不同的模式高校可以采取对应的舆论引导措施。第一种是沉默螺旋模式。该模式下舆论形成是因为一部分用户表达的意见很快占据主导地位形成了主流声音，其余用户为了避免被孤立而保持沉默。针对这种模式，高校进行舆论引导的关键是在舆论漩涡形成过程中不断发表不同的意见，强化正面舆论。第二种是爆发型模式。该模式下网络舆论随着校园热点或者突发事件产生而形成，通过利益相关者的关注及发声短时间内使热度及关注度急剧增加，形成网络舆论。针对这种模式的网络舆论，高校应在第一时间发布权威信息，引导舆论，避免谣言的产生和传播。第三种模式是积累型模式。该模式下高校网络舆论主要由现实生活中隐藏已久并未爆发的矛盾或者相关利益群体的诉求没有得到解决和引导而产生，当矛盾累积到一定程度或者群体达到一定规模便爆发大规模网络舆情事件。无论是哪一种模式，都对高校舆论引导的时机提出了要求，要把握舆论引导的最佳时机。

（2）度，把握舆论引导适度而不过度

高校作为主流媒体和思想政治教育主体，在进行舆论引导时一定要注意话语立场的分寸与尺度。高校对舆论引导做到适度而不过度需要了解高校网络舆情传播及发展的特点，处理好舆论形成和发展过程中的各种矛盾，协调好各种关系，主要有以下三种关系。第一是量变与质变的关系。当不满情绪积累到一定程度时就会爆发负面网络舆情，因此高校对现实原因造成的不满情绪要及时沟通处理，疏导情绪，化解矛盾，避免造成大规模、爆发性舆情事件。第二是偶然与必然的关系。高校需要密切关注大学生情绪，对苗头性信息足够重视，处理好偶然事件和必然事件的关系。第三是强化与淡化的关系。"有限效果论"[①]认为大众传播领域中更倾向于对既有意见和态度的强化，而非彻底改变用户的意见或者态度。高校在进行网络舆论引导时对于正面舆论要不断强化和巩固，使既有意见与态度更加强化，使意见不明、态度不坚决的用户更加明确自己的意见与态度，从而形成正面舆论引导，扩大正面传播效应。而对于负面舆论意见和态度，高校

---

① 吴仁喜，吕晓娟. 传播学视域下思想政治教育的有限效果论［J］. 中国校外教育，2010（S2）：14；31.

可以通过发表不同意见制造多元舆论环境，稀释负面意见，淡化负面舆论。

（3）效，力求舆论引导的实效质量

现实中舆论引导的效果主要体现在对话语受众既有观点和态度的强化，也体现在使意见和态度不明确者明确自己的意见和态度或者能够明确表达自己的态度和意见。因此高校在舆论引导时要主动出击，把握发声时机，通过及时、权威、正面的信息引导网络舆论，使原本正确、正面的意见和态度不断强化，使态度、意见不明确者能够趋同大众意见和正面舆论。

2）高校危机应对力指标

对高校热点事件的案例分析及高校舆论引导力影响路径的分析显示正面热点事件和负面热点事件对高校舆论引导力具有不同影响。本书将高校舆论引导力分为正面舆论热点生产力及负面舆论危机应对能力两个二级指标进行评价。基于舆论引导的"时、效、度"要求对高校正面舆论热点生产力及负面舆论危机应对能力进行分析。具体指标包括：

（1）正面舆论热点生产力

目前新媒体环境下形成的高校网络热点事件以正面事件为主。新媒体环境下信息传播模式及公众参与行为特征能够增强和扩大高校正面网络热点的积极效应和正面宣传效应。高校作为特殊的社会组织，话语受众的主体是最年轻、思想最活跃的网络用户。正面舆论热点的积极影响有利于青年学生树立正确的价值观，对整个社会发展起到正面积极影响和推动作用。高校正面舆论热点通常包括给社会带来利益的重大举措、学校的重大变动、公众和学生关注的社会热点问题或者学生服务等内容。此类信息能够很快引起学生及公众关注，进行分享、转发、评论、搜索、讨论，从而形成积极正面的网络舆论，提升舆论引导力，巩固高校主导的话语权体系。根据舆论引导的"时、度、效"要求，结合高校正面舆论热点的生成特征，本书从"时"和"效"两个方面对高校正面舆论热点生产力进行评价。"时"代表高校正面舆论热点的持续时间，而"效"代表高校正面舆论热点的数量、热度、排名等具体指标。

（2）负面舆论危机应对能力

上节对高校网络热点事件特征的研究发现新媒体环境下高校负面事件热度更高，传播过程中具有"破窗效应"，舆论热度的变化与高校回应相关。新媒体环境下公众参与行为表现出评论对象扩大化、评论内容主观臆断性、用户情绪群体感染性、言论认同时间聚集性等特征。以上特征会加剧高校负面舆论的消极影响，损害高校形象及声誉，削弱高校舆论引导力，破坏高校主导的网络话语权体系。对高校负面危机应对能力主要从高校对负面热点事件的回应内容及回应效果进行评价。根据舆论引导的"时、度、效"要求对高校负面舆论危机应对能力进行评价。"时"根据高校对负面热点事件回应及时性来衡量，"度"根据高校回应内容的合理性来评价，"效"从次生舆情程度和公众对高校处理及回应的认可度进行评价。

4.4 新媒体环境下高校网络话语权评价指标体系构建

本节根据高校网络话语权评价维度及指标的解析路径、评价指标体系的设计原则，结合文献调研对评价指标进行相关性分析，遴选相对成熟的评价指标，确立了新媒体环境下高校网络舆论引导力评价指标体系。

4.4.1　高校网络舆论引导力评价指标体系的设计原则

新媒体环境下高校网络舆论引导力评价指标体系的研究还处于探索阶段，目前主要以定性评价为主。本书根据科学评价的一般原则，结合高校网络舆论引导力和新媒体环境的特点，基于数据对高校网络舆论引导力进行量化评价。新媒体环境下高校网络舆论引导力评价指标的设计应该遵循一定的原则，确保评价指标符合高校网络舆论引导力的特点，全面准确合理地评价特殊环境下的高校网络舆论引导力。新媒体环境下高校网络舆论引导力评价指标体系的设计应遵循以下几个原则。

1）全面性与针对性的原则

高校网络舆论引导力具有复杂的层次与结构，单一简单指标难以反映其核心，需要构建系统全面的指标体系。理想的评价体系是具有多层次结构的有机整体，同时也要注意任何评价做不到十全十美，做不到覆盖所有指标。本书在把握评价对象核心本质、评价目标及原则导向的基础上，选择有代表性的指标进行评价。高校网络舆论引导力的各维度、各组成要素之间是相互关联、相互影响的，评价指标既要覆盖评价各方面又要避免过度重合。以上目标需要在评价指标体系构建过程中遵循系统全面性原则，指标选取过程重视针对性原则。

2）可测性与科学计算的原则

在指标选取过程中应该遵循可测性原则，即能够通过相对容易的手段与方法进行获取与计算。不同类型的新媒体平台的指标数据可获取性和多样性不一致，在保证规模的前提下应尽量选取优先级别高且具有代表性的指标，确定指标时应提前了解指标的获取难度和获取渠道。此外，指标计算应符合科学性，对于数学描述部分要按照科学要求规范处理数据，保证高校网络舆论引导力评价的信度和效度。

3）动态性与模糊性原则

高校网络舆论引导力的评价是一个动态过程。依托于日新月异的网络技术，高校信息传播经历了从门户网站、微博、微信再到短视频的发展过程。网络技术的发展为高校信息发布与传播、交流与互动等方式带来了巨变，未来仍将继续。因此难以建立一个适用所有新媒体平台的评价指标体系，需要在评价理论框架的基础上根据所处的时代和条件不断进行调整与完善。

4）定量和定性相结合原则

高校网络舆论引导力综合了多方面指标，其中部分指标可以直接进行数据量化，如粉丝量、阅读量、评论数等，部分指标需要通过数据挖掘方法进行分析才能量化，如情感倾向、主题相似度等。对于超大样本的数据则需要进一步引入大数据技术对全样本数据进行采集和分析。除此之外，高校网络舆论引导力评价过程中还有部分指标难以直接获取量化数据，需要依据专家经验进行定性判断，如高校应对负面舆情事件时回应内容的合理性、次生舆情程度等指标。因此，指标设计时要结合定性指标和定量指标，使高校网络舆论引导力评价结果更具科学性与合理性。

4.4.2　高校网络舆论引导力评价指标体系的确立

通过对相关文献中具体评价指标的梳理发现目前研究主要基于管理过程或者传播过程，选取某一角度对话语传播力、话语影响力或者危机应对力其中的一个维度进行评价研究。目前针对高校舆情事件的舆论引导力的评价研究较少，较多的是从前端即舆情安全评估、舆情监测评估等视角进行研究；而对于舆情事件中的应对管理效果的研究主要是从政府舆情治理视角出发。本书基于对高校网络舆论引导力的认知及相关理论，结合评价维度及评价指标内涵选择相关度较高的指标对高校网络舆论引导力进行评价。结合专家意见，本书初步选择了21个与高校网络舆论引导力评价指标相关性较高，且较成熟的评价指标，各维度包含的三级指标、各指标的可操作性定义见表4-6。

表4-6　　　新媒体环境下高校网络舆论引导力评价指标体系

维度	二级指标	解释说明	三级指标	可操作性定义
话语传播力	传播内容	高校在新媒体平台传播内容的数量与质量	发文数量	高校新媒体发布的推文总数
			原创性	高校新媒体发布信息的原创率
			学术知识传播指数	高校科研成果、学术知识相关内容的传播指数
			思政教育传播指数	高校党建、思政相关内容的传播指数
			校园文化传播指数	高校校园文化相关内容传播指数
	传播能力	高校在新媒体平台信息传播的广度与深度	粉丝数	高校通过新媒体平台获得的粉丝数量
			转发数	高校信息在新媒体平台通过转发进行深层传播的数量
话语影响力	主题影响	话语受众对高校话语主题的跟随度	主题相似度	话语受众评论主题与高校话语主题的相似度
	情感影响	话语受众对高校话语情感的跟随度	情感值相似度	高校发布信息情感值与话语受众情感值的相似度
	行为影响	话语受众从行为上表现出对高校网络议题的影响程度	点赞行为	高校发布信息被点赞的次数
			评论行为	高校发布信息被评论的次数
			浏览行为	高校发布信息被浏览的次数
			收藏行为	高校发布信息被收藏的次数
			转发行为	高校发布信息被转发的次数

维度	二级指标	解释说明	三级指标	可操作性定义
危机应对力	正面舆论热点生产力	高校正面行为成为网络热点，发挥正面积极的舆论引导效应	舆论热点事件数量	高校正面舆论热点数量
			舆论热点持续时间	高校正面舆论热点持续时间
			舆论热度	高校正面舆论热点热度
	负面舆论危机应对能力	在负面网络舆情中，高校正向引导能力	回应及时性	高校回应时间是否及时
			回应内容合理性	高校回应内容是否公开、可信
			次生舆情程度	引发次生舆情的热度，超出事件本身的程度
			处理认可度	受众舆论导向是否发生变化，对高校回应及处理的认可度

4.5 本章小结

本章在高校网络舆论引导力的形成过程及要素分析的基础上，结合新媒体环境对高校网络舆论引导力的影响提出了评价维度及评价指标解析路径，确立了新媒体环境下高校网络舆论引导力评价指标体系。主要的研究内容与结论有：

首先，揭示了新媒体环境下高校网络舆论引导力评价的特殊性。高校通过新媒体平台进行话语转换，话语受众的关注、点赞、评论、转发等行为不仅体现了受众的接受认同程度，而且提高了信息传播的深度和广度，作用于高校的下一个信息传播过程，增强高校网络舆论引导力。新媒体舆论环境下公众对高校热点事件具有正面偏好，但负面事件热度更高，高校负面热点事件传播具有"破窗效应"，且热度变化与高校回应相关。新媒体环境下高校网络舆论中用户参与行为表现出评论对象扩大化、评论内容主观臆断、负面情绪群体感染性及言论认同时间聚集性等特点，对高校网络舆论引导力产生影响。基于以上内容，本书提出新媒体环境下高校网络舆论引导力评价要将高校与话语受众之间的相互作用纳入评价考量，尤其是话语受众通过网络舆论对高校的主动作用机制。新媒体环境下高校网络舆论引导力评价指标需要进一步挖掘话语受众行为与输出内容，包括受众在主题、情感与行为上的接受与认同度。

其次，提出了话语传播力、话语影响力及危机应对力各维度评价指标的解析路径。其中话语传播力包括传播内容与传播能力两个二级指标，传播内容包括内容数量与内容质量等指标；传播能力包括传播广度与传播深度等指标。话语影响力分为主题影响、情感影响与行为影响等指标，主题影响是指话语受众在高校话语主题上的跟随度；情感影响是指话语受众对高校发布信息的情感认同度；行为影响是指话语受众对高校话语信息的传播行为及认同行为，包括点赞、分享、转发、评论等。危机应对力包括正面舆论热点生产力和负面舆论危机应对能力两个二级指标。从"时"和"效"两个方面对高校正面舆论热点生产力进行评价，包括持续时间、数量、热度、排名等指标。从"时、度、效"对高校危机应对能力进行评价，包括回应及时性、回应内容的合理性、次生舆情程度和公众对高校处理及回应的认可度等指标。

最后，结合文献调研确立了新媒体环境下高校网络舆论引导力评价指标体系。新媒体环境下高校网络舆论引导力评价指标体系的设计应遵循全面性与针对性、可测性与科学计算、动态性与模糊性、定量和定性相结合等原则。在文献调研的基础上确定了高校网络舆论引导力评价指标体系，包括3个维度21个具体指标。

新媒体环境下高校网络舆论引导力评价模型

在高校网络舆论引导力评价指标体系的基础上，根据新媒体环境下高校网络舆论引导力评价目标及原则，本章提出了对高校网络舆论引导力评价指标的量化方法与对高校网络舆论引导力的评价方法，构建了新媒体环境下高校网络舆论引导力评价模型，为实证应用提供了方法支撑。

5.1 新媒体环境下高校网络舆论引导力评价模型构建目标及原则

在开展评价工作之前应该确定评价目标与原则，为评价模型与评价实践工作提供指导。本书依据新媒体环境下高校网络舆论引导力的重要性及现实生态确立了新媒体环境下高校网络舆论引导力评价目标及原则，为新媒体环境下高校网络舆论引导力评价模型的构建及评价实践提供依据。

5.1.1 高校网络舆论引导力评价模型构建目标

目标是想要达到的目的和结果，具有预测性、可计量性、激励性等特征[①]。评价目标是评价活动要达到的目的和结果，能够指导评价研究及实践的展开。本书基于新媒体环境下高校网络舆论引导力的重要性及现实生态，提出了新媒体环境下高校网络舆论引导力评价模型的构建目标，主要包括以下两个方面：

1）检验评价理论的适用性，为评价实证提供方法指导

本书对新媒体环境下高校网络舆论引导力的研究侧重了评价理论与方法的构建，通过评价实践对新媒体环境下高校网络舆论引导

---

① 陈至立，等.辞海（缩印本）[M]. 7版.上海：上海辞书出版社，2022.

力形成机制与要素、评价指标体系与评价模型的适用性进行验证。因此评价模型需要通过对评价指标的量化与数据特征分析深入理解新媒体环境下高校网络舆论引导力的形成机制与相互作用。通过对评价指标的量化方法与多元融合的评价方法的设计为评价实践的展开提供方法指导。

2）为新媒体环境下高校网络舆论引导力建设提供信息服务

实现提供新媒体环境下高校网络舆论引导力建设参考路径的评价目标包含两方面的内涵。一方面为高校新媒体建设、高校宣传及负面舆情危机应对等提供数据参考和合理建议。通过评价指标分析能够从侧面帮助教育部门及高校发现宣传及网络思政教育中的薄弱环节和不足之处。另一方面督促高校宣传部门重视新媒体环境下高校宣传及舆情应对工作，提升自身素质，增强其在网络空间的传播、影响和引导能力及水平。通过对高校网络舆论引导力的量化评价，能够从宏观上掌握与考察高校对网络舆论引导力建设的重视程度及其水平，了解高校之间的差距，为高校网络舆论引导力建设提供数据支撑。

5.1.2 高校网络舆论引导力评价模型构建原则

原则是指导人类展开实践活动的行动指南、方针与准则。明确评价原则是开展高校网络舆论引导力评价工作的首要前提。评价原则贯穿于评价全过程，既要反映高校网络舆论引导力评价目标，又要对评价工作具有规范功能。新媒体环境下高校网络舆论引导力评价模型的构建原则包括以下四个方面：

1）导向性与时代性相结合原则

导向性是指高校网络舆论引导力评价要以正向网络舆论为导向。高校作为国家的职能部门和教育主体，肩负思政教育与学科教育的重责,其网络舆论引导力要符合社会主义核心价值观及社会主义主流意识形态。评价高校网络舆论引导力是为高校网络舆论引导力建设提供方向。本研究以当前国家及教育部门对高校网络舆论引导力建设的总体要求为纲领,结合高校当前所处的现实生态与话语受众的实际情况,解析了评价维度及组成要素,制定了评价指标体系,用于准确判断高校网络舆论引导力建设成效,促进相关建设工作有效开展。

高校网络舆论引导力评价还需坚持时代性。随着信息技术的发展,高校网络舆论引导力建设处于不断变化中,新环境、新挑战与新机遇不断涌现。同时,高校话语受众以处于成长期的青年学生为主,思想变化快,可塑性强,易受环境影响,呈现明显的时代特点。高校网络舆论引导力评价要符合话语受众群体不断变化的内在规律,根据话语受众的特点不断创新,既要评价高校网络舆论引导力建设取得的实效,又要注重成长性,包括历史发展、现状与未来发展趋势。时代性还要求增强高校网络舆论引导力评价的预测功能,预防与纠正高校网络舆论引导力建设中可能出现的各种问题。不断创新高校网络舆论引导力评价机制及完善评价指标体系能够促进教育部门及高校宣传部门调整政策,促进高校网络舆论引导力建设模式思路与时俱进。

2)静态性与动态性相结合原则

高校网络舆论引导力的形成是一个动态发展的过程,高校话语元素在此过程中传播与转化,高校及话语受众在此过程中相互作用。高校网络舆论引导力评价不仅要对实际情况和发展水平进行静态测评和描述,而且要考虑高校网络舆论引导力的形成过程及相互作用的动态过程。高校网络舆论引导力评价需要将其放进它的形成过程中进行考察,从一定时空背景和环境了解高校网络舆论引导力的过去、现在以及未来发展趋势。高校网络舆论引导力建设是一个不断发展和完善的过程，其效果也是一个逐步显现的过程。只有将静态性和动态性相结合，才能相对准确地判断高校网络舆论引导力建设过程和效果，并依据评价结果调整和完善高校网络舆论引导力建设工作的细节。

3）定量评价与定性评价相结合原则

定性评价方法与定量评价方法的结合应用能够保证科学评价结果的合理性。定量评价能够确保数据的客观公正性，而定性评价能够实现优劣价值判断。定量评价与定性评价相结合的原则在高校网络舆论引导力评价中有两种应用形式。一种是以定量数据为主的综合评价方法。新媒体平台丰富的网络用户行为数据不仅能够提供网络计量指标，而且为情感分析和主题分析提供了丰富的语料数据。另一种是以定性指标为主的评价方法，将定量数据用作专家评审的决策辅助依据。

4）分维度与可比性相结合原则

分类（分维度）和比较是保证评价结果科学、准确的基础。高校网络舆论引导力在高校与话语受众的相互作用中形成与体现，取决于高校话语元素之间的转化程度。高校网络舆论引导力评价应该根据其不同的构成维度、组成要素及特征属性确定相应的评价程序、评价标准、评价指标和评价方法。本书从话语传播力、话语影响力及危机应对力三个维度对高校网络舆论引导力进行评价。评价过程首先根据各维度"质"性特征进行分维度评价，然后再进行综合评价，实现横向和纵向比较，保证评价结果的合理性与科学性。单维度评价是综合评价的基础，是对综合评价在一定程度上的反映。综合评价是对单维度指标的重新组合评价，其总体水平取决于单维度评价指标的内容和质量。

5.2 新媒体环境下高校网络舆论引导力评价指标量化方法

根据评价指标体系的设计，部分指标需要经过进一步处理才能量化，本节设计了评价指标的量化方法，主要体现在情感分析与语义分析。如在话语传播力指标中，对传播内容进行语义挖掘从而测度高校分别在网络思政教育、学术知识传播、校园文化传播等不同主题的传播指数；在话语影响力中，对情感影响和主题影响则分别运用了情感分析和语义分析对指标进行量化；在危机应对力中，则根据情感分析对认同度进行打分，根据语义分析对回应内容的合理性进行打分。

5.2.1 结合情感分析与余弦相似度的情感影响评价指标设计

舆论引导力的本质是获取受众的接受与认同，情感认同是舆论引导力的重要表征。高校网络话语受众表现出的情感支持体现了高校网络话语的情感影响。基于此，本书提出了情感值相似度的测量方法，从而获取情感影响指标。该指标通过研究高校发布信息将其情感值与受众评论信息的情感值的相似度作为高校网络话语影响力的表征指标之一。相似度越大，说明评论情感倾向越趋近于高校设置的网络议题的情感倾向，高校网络议题的影响力越大。

情感分析是指通过文本分析了解某主体的褒贬态度和意见的数据处理过程。随着社交媒体的广泛应用，对网络用户的评论文本进行情感分析成为了研究热点。目前对网络信息的情感分析主要采用机器学习、情感词典等方式从三个层面来实现，分别是文档层面、句子层面和属性层面。文档层面的情感分析是将整篇评论的情感倾向分为三种，即积极、中性和消极。句子层面的情感分析是识别主观句子并确定其情感极性。属性层面的情感分析是一种更加细粒度的情感分析，主要是通过抽取评论中相关属性词汇，根据上下文判断情感倾向。情感分析作为一种正在发展的技术，受到了多学科广泛关注，在词语层、句子层、篇章层等不同类型的语料中进行了深入探索与研究，并在舆情监测、竞争情报、电子商务、市场预测等领域得到应用。在社交媒体领域，通过情感分析方法分析用户态度的相关研究较多，形成了相对成熟的情感词典、情感计算方法和情感分析模型，为本书计算情感值相似度提供了良好基础。

1）基于情感分析的情感值相似度指标测度思路

在高校情感影响核心评价目标的基础上提出了如图5-1所示的高校情感影响评价指标解析路径。在完成确定高校样本、数据来源和采集方式等前期基础工作后，需要对文本进行分词、降噪等预处理，然后分别计算高校推文的情感倾向值和评论的情感倾向值，最后进行相似度计算，从而探测高校网络议题的情感影响。

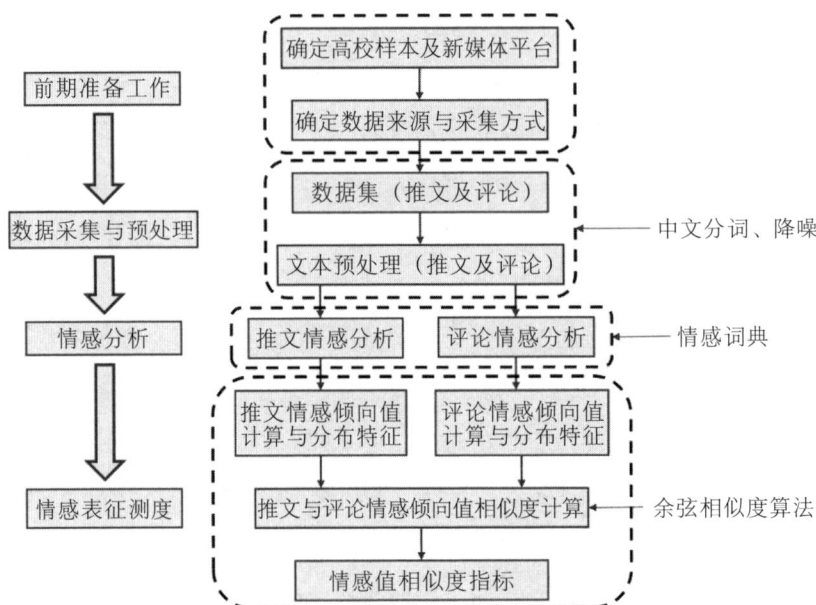

图5-1　高校情感影响评价指标解析路径

2）数据处理过程

数据预处理主要包括以下两个步骤：

（1）中文分词

分词的目的就是将一句或者整段文本分割成独立词汇。基于文本挖掘的现实，目前应用最广泛的是统计分析方法。该方法能够通过不断训练和自学习掌握分词规则，并且应用于新文本中。本书通过 Python 采集高校发布的文本数据与话语受众的评论数据，分词工具选择能够直接被 Python 调用的 Jieba 分词模块。该模块的最大特点是灵活度高，用户可以添加自定义词典制定针对不同语料库的分词规则。本书处理的是新媒体数据，针对文本口语化、网络化的特点，能够增添针对特定新媒体语言的自定义词典来支持分词处理。

（2）降噪处理

文本经过分词后依然存在无意义的虚词及实词，如语气词、网络表情、大学名称等。这些词对于分析情感倾向及话语主题没有实际意义，本书将这些词统称为噪声数据。大量噪声数据的存在会影响情感分析及主题训练的准确度，需要对文档数据进行降噪处理。

首先是对停用词进行处理。在对文本进行情感分析时需要提取含有情感倾向的特征词，通常文本中存在频次高却对特征词提取毫无意义的连词、介词、符号和标点等。以上类型的词语或符号等没有办法成为文档的特征词，统称其为停用词。本书采用建立停用词表的形式，通过 Python 自编程序循环遍历文档的词语或符号等并与停用词表中的词语或符号等进行循环比对，将与停用词表中匹配成功的词语或符号等删除。本书使用的停用词表包括通用的停用词表、哈工大停用词表扩展版、谷歌搜索引擎停用词表。另外根据不同新媒体平台的网络语言特点，可通过对结果数据的分析不断添加和调整停用词表。

其次是对特定网络语言进行处理。本书使用的情感分析文本是新浪微博文本。作为短文本类社交网络平台，新浪微博在其不断发展中形成了区别于一般文本的语言特点，如表情、符号。虽然这些表情与符号在当时的上下文及语义环境中具有特定含义，但在词袋结构中是独立存在的符号，很难通过建模对其语义进行判断，因此本书将其归为需要剔除的噪声数据。另外微博转发过程中经常出现的"@"及"//"符号也没有特别含义，需要将这些特殊符号加入到停用词表中作为噪声数据进行处理。

（3）文本情感倾向性分析

本书选择基于句子分析的情感词典处理方式对文本进行情感倾向性计算。情感词典选择知网（Hownet）词典，知网是一个包含中文和英文词汇的概念知识库，可以揭示词汇概念、概念之间的关系以及概念的属性等特征。基于该知识库的情感词典主要分为中文和英文两部分，包含丰富的中英文评价词语、情感词语等。

本书利用Python自编程语言，将每一个高校的推文信息和评论信息分别作为一个文档。每一个文档由若干句子组成，每一句话又由若干词语组成。首先判断词语是否为情感词（即是否在情感词典中），获取情感程度词和否定词。然后判断词语的情感极性（积极、中性和消极）。最后通过词语的情感极性来判断所在句子的情感极性，通过计算每一个文档中三种不同情感极性的句子所占的比例从而获取文档的情感倾向性，具体公式如（5-1）所示，其中 α 为具有某类情感极性的句数，β 为文档S中的句子数，某类极性情感占比则为一个文档的某类极性倾向值 S_θ。

$$S_\theta = \alpha \div \beta \times 100\% \tag{5-1}$$

（4）情感值相似度计算

通过情感分析我们可以得到各高校推文集的情感倾向值和各评论

集的情感倾向值（见表5-1），下一步需要计算这两个集合的相似度。

表5-1　　新媒体平台高校推文集和评论集情感倾向示例表

高校	推文集情感倾向			评论集情感倾向		
	积极	中性	消极	积极	中性	消极
上海交通大学	88.71%	0	11.29%	27.32%	61.91%	10.77%
上海外国语大学	98.21%	0	1.79%	33.24%	57.36%	9.40%
上海大学	88.78%	7.32%	3.90%	26.67%	64.81%	8.52%
上海音乐学院	94.23%	0.51%	5.26%	29.93%	61.94%	8.13%
东北大学	87.37%	1.20%	11.43%	23.03%	67.95%	9.02%

对具有 n 维特征的两个个体 $(X = x_1, x_2, x_3, \cdots x_n)(Y = y_1, y_2, y_3, \cdots y_n)$之间的差异或者相似度的计算方法较多。其中常见的有相关分析、聚类分析，除此之外还可以通过向量相似性度量（Similarity Measurement）分析情感向量相似性。欧式距离和余弦相似度是两种最基本、适用最广泛的计算方式，其他方式基本都是这两种方法的变形和衍生。

① 欧几里得距离，简称欧式距离，主要是用来测量多维空间中两个点的绝对距离。公式如（5-2）所示：

$$\mathrm{dist}(X, Y) = \sqrt{\sum_{i=1}^{n}(x_i - y_i)^2} \tag{5-2}$$

② 余弦相似度用多维空间中两个向量夹角的余弦值衡量个体差异的大小，公式如（5-3）所示：

$$\mathrm{sim}(X, Y) = \cos\theta = \frac{\vec{x} \cdot \vec{y}}{|x| \cdot |y|} \tag{5-3}$$

欧几里得距离是对距离相似性的度量，余弦相似度是对方向相似性的度量。两者之间具有差异性，借助三维坐标系可以更直观地看出两者的区别。如图5-2所示，欧氏距离主要用来测量两点之间的绝对距离，由各点的绝对数值决定，能够体现个体数值的差异性，多用于比较数值大小。而余弦相似度主要是通过考量两个向量之间的夹角来判断相似度，对绝对值不敏感，用于区分个体之间的差异。本书对情感影响的测度更重视情感方向的一致性，因此选择余弦相似度算法测度高校网络议题的情感影响。

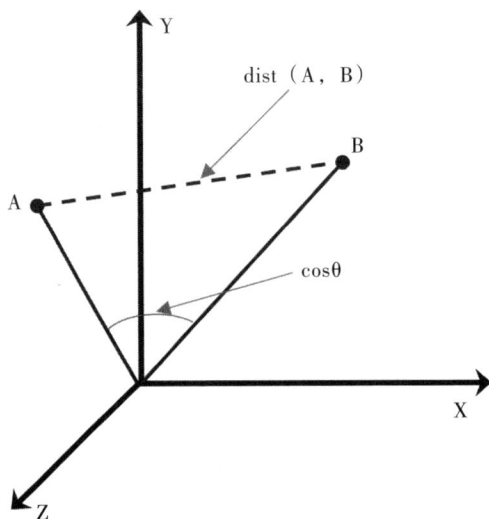

图 5-2　欧式距离与余弦相似度区别示意图

余弦相似度无法衡量每维数值的差异，会导致一种特殊的评价错误。调整余弦相似度（Adjusted Cosine Similarity）算法通过将所有维度数值减去一个均值修正了这种不合理误差。比如两个用户评分分别为（1，2）和（4，5），其评分均值是 3，那么调整后为（-2，-1）和（1，2），再用余弦相似度计算，结果为 -0.8。相似度为负值并且差异大，更加符合现实。本书对情感相似度指标的计算也是基于调整余弦相似度算法。

5.2.2　结合 word2vec 与余弦相似度的主题影响评价指标设计

本书设计了高校话语影响力维度中主题影响评价指标的解析路

径，如图5-3所示。其重点是测量高校微博发布信息的主题与话语受众评论主题的相似度，基于该思路设计了以下测量模型。

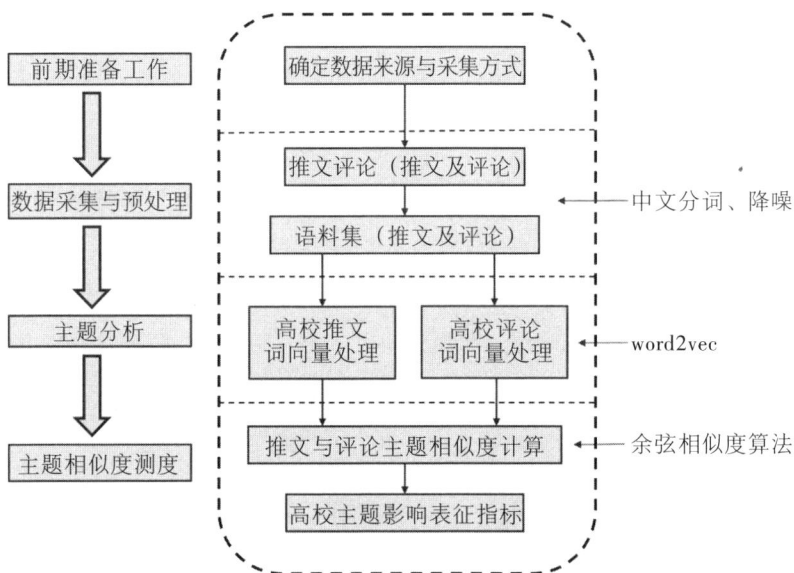

图5-3　高校主题影响评价指标量化方法

本节主题相似度与5.2.1中情感相似度指标的数据来源相同，测量对象不同，数据处理流程也有差异。首先同样是需要对高校在新媒体平台的数据集及评论数据集进行预处理，包括分词、降噪等。其次采用word2vec方法对每个集合的200个高频关键词进行词向量处理。然后采用余弦相似度计量两个集合词向量的相似度，从而得到每个高校的推文集和评论集的主题相似度指标。其中分词、降噪和余弦相似度的计算方法和原理在5.2.1进行了详细阐述，在此不再赘述，本小节主要是介绍word2vec词向量处理方法。

word2vec模型最早由Mikolov等[①]提出，其主要功能是将词语转换

_____

① MIKOLOV T, SUTSKEVER I, CHEN K, et al. Distributed representations of words and phrases and their compositionality [C]. Proceedings of the 26th international conference on neural information processing systems（NIPS'13），Nevada: Neural Information Processing Systems，2013：3111-3119.

为词向量，逐渐被广泛应用于自然语言处理中。word2vec模型是简单化的神经网络，输入层是One-Hot Vector，隐层没有激活函数，也就是线性单元。输出层与输入层之间采用Softmax回归函数方法。通过word2vec模型训练后可以为文本语义上的相似度计算提供向量表示。word2vec一般通过CBOW（Continuous Bag of Words）和Skip-gram两种架构来实现对文本词汇的向量化处理。其中CBOW模型通过上下文的词向量输出特征词的词向量，而Skip-gram根据特定词的词向量输出上下文的词向量。本研究采用Python中gensim模块提供的word2Vec工具包进行训练，实现对高校网络话语内容及评论内容的词向量处理，其原理是Skip-gram模型，如图5-4所示。

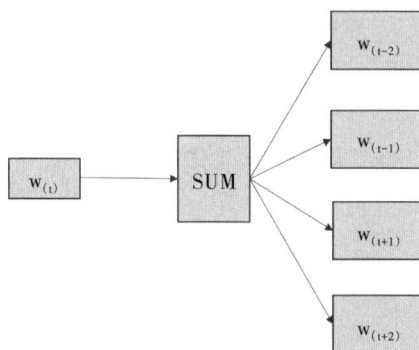

图5-4　Skip-gram模型架构

由图5-4可知，Skip-gram模型主要预测概率$p(w_i|w_t)$，其中$t-c \leqslant i \leqslant t+c$，c表示决定上下文窗口的参数，c越大，则考虑的上下文越多，在提升准确率的同时也会加长训练时间，因此需要设置合理的参数。w_t为当前词，对于给定的词序列w_1，w_2，$\cdots$，w_T，Skip-gram的目标是最大化目标函数，目标函数如（5-4）所示。

$$\frac{1}{T}\sum_{t=1}^{T}\sum_{-c \leqslant j \leqslant c, j \neq 0} \log(w_{t+j}|w_t) \tag{5-4}$$

基本的Skip-gram模型定义为$p(w_i|w_t)$。设w为输入向量，V_w为

输出向量，字典大小为 N，通过关键词 w_j 正确预测 w_i 的概率如（5-5）公式所示。

$$p(w_i|w_t) = \frac{\exp(\mu_{V_i}^T V w_j)}{\sum_{n=1}^{N} \exp(\mu_{V_i}^T V w_j)} \quad\quad (5-5)$$

通过随机梯度下降的方式训练目标函数，得到基于 Hierarchical Softmax 表示的上下文向量。在以上词向量处理的基础上，本书采用余弦相似度算法来计算文本集合之间的语义相似度，得到高校的主题影响指标，余弦相似度算法在 5.2.1 中进行了详细阐述，在此不再赘述。

5.2.3 基于专家咨询的危机应对能力评价指标设计

负面舆论引导力衡量的是高校在负面舆情事件中将负面舆论引导为正面舆论的能力，体现了对网络舆论方向的控制力。本书基于负面舆情事件中高校的应对情况及应对后网络舆论倾向、受众反馈等内容对高校危机应对能力进行定性评价。在负面网络舆情事件的处理中，公开回应是高校进行舆论引导的最好方式，因此本书借鉴相关文献从回应及时性、回应内容合理性、次生舆情程度、回应认可度四个指标对负面舆情事件中的高校舆论引导力进行量化。除回应及时性指标，其余三个指标都是采用专家咨询法获得。目前文献对于舆情事件的评价多采用定性评价方法，本书虽然也是采用定性评价方法，但依据具体数据进行判断，将新浪微博热搜数据作为参考数据。本书邀请了来自图书情报领域、新闻传播领域及高校宣传部舆情团队的 3 名专家对70 所高校的危机应对能力进行评分，采用 5 级评分制，每一级 20 分。以下对各指标的含义及标准进行阐述。

1）高校回应及时性

面对突发的网络舆情事件，高校需要及时发现、尽快部署。

目前已有相关文件对政府部门在重大舆情事件中的回应时间提出明确要求，如在《国务院办公厅关于在政务工作中进一步做好政务舆情回应的通知》①中要求各级政府面对重大舆情事件时要在24小时内举行新闻发布会，并且根据实际需求持续发布权威消息。此文件体现出及时回应的重要性，及时回应能够第一时间争取到舆论引导力，避免舆情事件进一步恶化及次生舆情的发生。虽然高校不是政府系统，但是属于职能部门和教育主体，具有舆论引导的责任。在负面舆情事件中高校需要第一时间争取到话语主动权，防止舆情事件发展至不可控的地步。本书基于新浪微博平台数据获取高校回应及时性指标，具体根据每一件舆情事件中高校回应速度的快慢按比例给出相应得分，然后以高校为单位计算出每个高校的平均得分。

2）高校回应内容合理性

对于负面网络舆论，高校回应内容很重要。信息公开是公众的主要诉求，也是高校应对舆情事件时最有效的回应方式。参考相关文献，本书认为高校回应内容合理性主要包括以下三个方面：一是高校回应时采取措施的合理性；二是高校回应内容中信息公开的完整性；三是高校回应内容中信息公开的可信度。

对于高校危机应对中采取措施的合理性评价，Coombs等②在其论文中提出的情景危机传播理论（Situational Crisis Communication theory，SCCT）为本书提供了理论参考，该文提出了在危机应对中的策略分为三种情况，见表5-2。

① 国务院办公厅. 国务院办公厅关于在政务公开工作中进一步做好政务舆情回应的通知［EB/OL］.［2016-08-12］. http://www.gov.cn/zhengce/content/2016-08/12/content_5099138.htm.
② COOMBS, TIMOTHY W. The Protective Powers of Crisis Response Strategies: Managing Reputational Assets During a Crisis［J］. Journal of Promotion Management，2006，12（3）：241-260.

表 5-2 SCCT理论危机应对策略

应对策略	措施	内容
Deny（否认）	Attack	把错误归咎于当事人
	Denial	否认危机存在
	Scapegoat	认为错在事件的引发者
Diminish（减少）	Excuse	寻找理由推托
	Justification	做出合理举动减少损失
	Ingratiation	赞美相关工作者
Deal（处理）	Concern	对受害者表达关心
	Compassion	为受害者提供帮助
	Regret	对危机发生表达内疚
	Apology	承担责任

SCCT模型是学者从公共管理角度提出的危机应对策略，也有一些文献将其应用到高校舆情中，如凌晨等（2019）通过对高校网络舆情应对策略的实证分析发现负面网络舆情中网民负面情感变化会因高校不同的应急措施而不同。因此本书借鉴该论文的研究结论，认为高校回应内容的合理性要考虑到回应策略的合理性。

研究指出信息公开的完整性和信息公开的可信度是高校负面网络舆情事件中网民最关心的内容。高校信息公开要做到及时准确，不能避重就轻甚至故意隐瞒，不然很容易陷入信息混乱、谣言滋生的被动局面，严重损害高校网络舆论引导力。高校信息公开不仅要考虑到完整性还要考虑到可信度，即公众是否会相信高校的回应内容。有学者将高校回应内容可信度作为判断高校网络舆论引导力的评价指标。综合以上文献，本书从三个方面对高校回应内容合理性指标进行评价，设置五个等级进行评分，见表5-3。

表5-3   **高校回应内容合理性分级**

级别	应对策略的合理性	信息公开完整性	信息公开可信度
一级	应对策略很不合理	基本没有公开的信息	公开的信息不可信
二级	应对策略不合理	公开的信息不完整	公开的信息可信度不高
三级	应对策略基本合理	公开的信息基本完整	公开的信息基本可信
四级	应对策略合理	公开的信息比较完整	公开的信息比较可信
五级	应对策略非常合理	公开的信息非常完整	公开的信息非常可信

3）次生舆情程度

高校负面事件有时候会因为高校的回应、相关信息的进一步公开而再次成为舆论热点事件，引发次生舆情。而舆情事件造成的社会影响也会超出事件本身的范畴，引发社会各界对高校、主管部门甚至整个教育系统的质疑、批评、攻击等，严重损害高校作为教育机构的主流舆论引导力。本书从两个方面来衡量次生舆情程度，一是次生舆情事件的热度，二是次生舆情超出事实范围的程度。次生舆情事件的热度参考微博热搜自带热度指标。次生舆情超出事实范围程度是指舆论对于高校事件的关注和讨论是否还处于就事论事的范畴，是否衍生到新的方面。在应对负面舆情事件时，高校反应迟缓、应对不当等行为会引发社会舆论对高校全方位的质疑，这种情况会严重损害高校的声誉和形象，危害高校网络舆论引导力。综合考虑次生舆情热度及次生舆情超出事实范围程度，本书依然采用五级评分标准对次生舆情程度进行评价，一级至五级分别赋值为1至5，见表5-4。

表5-4   **次生舆情程度分级**

级别	次生舆情事件热度	次生舆情超出事实范围程度
一级	热度非常高	非常严重
二级	热度高	严重
三级	热度一般	一般
四级	热度低	不严重
五级	没有热度	没有超出

4）高校回应认可度

高校回应认可度是指受众对高校回应及处理结果的满意度，是衡量高校危机应对效果的重要指标。高校负面舆情事件会引起社会公众的广泛关注，需要高校通过正确方式进行回应从而获得受众的认可，改变网络舆论方向，将负面舆论向正面舆论引导，这也是高校获取网络舆论引导力的重要标志。张玉亮（2015）和谢雪梅等（2020）都将受众的认可度作为衡量高校应对能力的评价指标之一。回应认可度包括两个方面，一是受众对回应内容的认可度，二是受众对实际处理结果的认可度。在以上文献的基础上，本书对于回应认可度的评价主要参考受众评论中有关满意度的内容表达，由计算机根据认可度按1～5对应五个等级进行赋值，见表5-5。

表5-5   高校回应认可度分级

级别	受众对高校回应内容的认可度	受众对高校处理结果的认可度
一级	受众对高校回应内容的认可度很低	受众对高校处理结果的认可度很低
二级	受众对高校回应内容的认可度低	受众对高校处理结果的认可度低
三级	受众对高校回应内容的认可度一般	受众对高校处理结果的认可度一般
四级	受众对高校回应内容的认可度高	受众对高校处理结果的认可度高
五级	受众对高校回应内容的认可度很高	受众对高校处理结果的认可度很高

5.2.4 基于网络数据统计的其他评价指标设计

根据高校网络舆论引导力评价指标体系，结合新浪微博平台的特点，通过网络数据统计的方式获取传播内容、传播能力及行为影响等要素指标。数据来源于新浪微博网站，利用新浪微博API接口和

Python 程序对样本高校的官方微博数据进行采集，采集到的数据以 CSV 格式进行存储。首先采集每个高校的原创微博信息，包含 ID、正文、原始图片 URL、视频 URL、日期、点赞数、评论数、转发数、话题、@用户等字段。然后以高校为单位统计高校官方微博的内容特征、发文数、评论数、关注数、转发数、点赞数等，并根据指标进行计算。

目前对于舆情事件的应对效果及危机的管理效果主要是采用定性评价的方式，但通过文献调研及根据本书的评价要求，发现新浪微博的热搜数据能够在一定程度上量化高校的舆论引导力，因此本书选择新浪微博平台的热搜作为高校热点事件。然后根据社会影响的积极效应和消极效应将高校热搜分为正面热搜和负面热搜，并对样本高校的正面热搜进行统计，用来衡量高校正面舆论热点生产力。根据评价指标的设计计算出每个高校的正面热搜数量、热搜上榜持续时间和热搜热度。持续时间选择该热点词条在微博热搜上榜的持续时间。热度采用微博热搜榜单自带的热度指标，由网络用户的点赞、评论、转发、搜索量等加权求得，体现了网络用户的重视程度、关注程度及该事件的影响程度。持续时间越长，热度越高表示该舆论热点的影响越大，网络用户和社会公众关注越多，而由该事件带来的积极正面效应影响越大，也更能体现出高校的正向网络舆论引导力。

对于高校发布内容的主题挖掘，本书主要采用关键词共现网络结合人工判断的方法，将高校通过新媒体平台发布内容中的思政教育内容、科学知识传播内容、校园文化内容进行分类。然后借鉴清博舆情的 BCI 指数计算每个类型的 BCI 指数的平均数，从而得到思政教育传播指数、科学知识传播指数、校园文化传播指数，传播指数 BCI 相关指标与计算方法见表 5-6。其中思政教育内容主要是指高校通过新媒体平台宣传党建、思政教育等相关内容，如"高校课程思政建设工作调研推进会在南京大学举行"。科学知识传播内容主要是指高校通过新媒体平台传播的学校最新科学技术等知识成果、论文、专利、项目等内容，起到科技传播的作用，比如云南大学宣传"丁中涛团队娄地青霉次生代谢产物研究成果"。而校园文化内容主要是指高校通过新媒体平台宣传本校校园文化的内容，除思政教育与科学知识传播，其余内容归属于校园文化内容，比如校园美食节、樱花节等。

表 5-6 传播指数 BCI 相关指标与计算方法

活跃度 w_1 (20%)	发文数 X1 (30%) 原创发文数 X2 (70%)	传播度 w_2 (80%)	转发数 X3 (20%) 评论数 X4 (20%) 原创推文转发数 X5 (25%) 原创推文评论数 X6 (25%) 点赞数 X7 (10%)
计算公式	$BCI = (20\%W_1 + 80\%W_2) \times 160$ $W_1 = 30\% \ln(X1 + 1) + 70\% \ln(X2 + 1)$ $W_2 = 20\% \ln(X3 + 1) + 20\% \ln(X4 + 1) + 25\% \ln(X5 + 1) +$ $25\% \ln(X6 + 1) + 10\% \ln(X7 + 1)$		

通过关键词共现网络可以实现对话语主题的提取与分析，经过数据预处理工作，对高校每一篇推文进行词频统计、同义词合并，并去除通用词，选取高频词汇作为共现网络节点，构建高频关键词共现的二值邻接矩阵，从而构建高校网络信息共现网络图谱。共现网络是以高校发布的每一篇文章为文档单位，以词语这一知识单元为基础构建的网络，能够从微观层面揭示高校新媒体信息实体关系特征，另外也能对各不同类型的高校话语主题进行挖掘，其原理如图 5-5 所示。

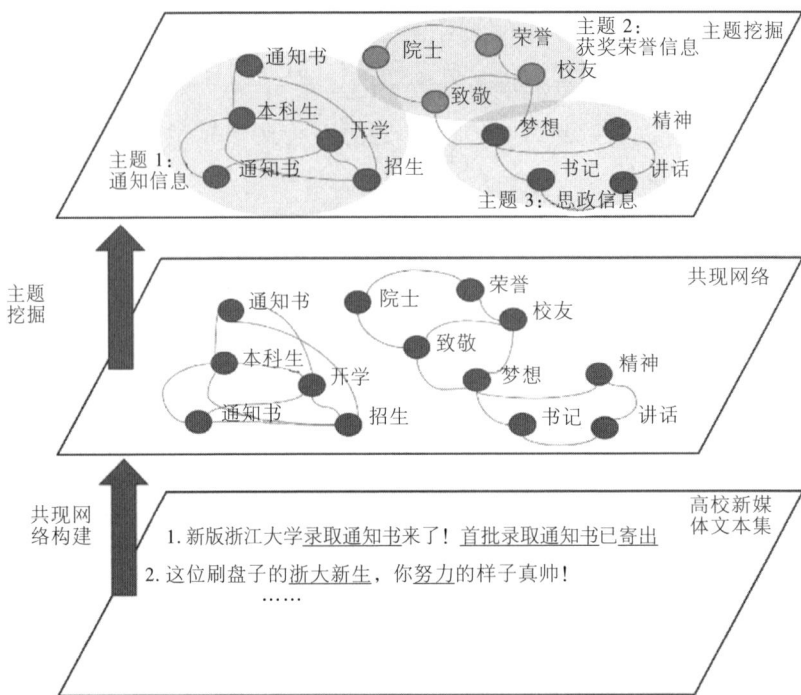

图 5-5 基于共现网络的高校新媒体话语主题挖掘示意图

根据图 5-5 可以发现通过关键词共现网络挖掘高校新媒体话语主题可以分为三个层次：第一层是文本集表示层，在该层，高校发布信息的文本通过分析、降噪、词频统计等一系列预处理工作后，对能够体现文本主题的高频关键词进行标记，如图中加下划线文字所示。第二层是关键词共现网络层。在该层，通过高校发布信息文本的关键词共现关系构建共现网络，由节点和边组成，节点代表关键词，边代表节点之间的共现关系。第三层是高校话语主题表示层，通过聚类分析可以探测关键词共现社区，挖掘话语主题。整个网络根据子网络中关键词联系紧密程度分为若干个主题社区，每个主题社区又由节点和边构成。一般说来，包含的相同关键词越多，文本的相似度越高，通过社区内包含的关键词来对主题进行揭示。

5.3 高校网络舆论引导力评价过程

根据一般评价流程，首先是通过单指标分析获取数据特征，然后再集合起来对高校网络舆论引导力进行评价。本节对高校网络舆论引导力评价方法进行了设计，运用主成分分析方法、因子分析方法、聚类分析方法和BP神经网络方法对高校网络舆论引导力进行评价，争取能够为科学合理评价高校网络舆论引导力提供更丰富的信息。

5.3.1 数据特征分析方法

在对高校网络舆论引导力评价指标处理与量化后需要结合实例对评价指标的数据特征进行分析。本书在高校网络舆论引导力评价指标的数据特征分析中采用了描述性统计、Q-Q图分析、相关性分析、社会网络分析等方法，使用的软件工具主要有SPSS、EXCEL、MATLAB、Gephi、Ucinet、Python等。描述性统计主要用来描述指标特征的集中趋势、离散程度和分布形态等。Q-Q图可以用来检验高校网络舆论引导力评价指标是否服从正态分布。散点图可以用来检验评价指标间是否存在线性关系。

相关分析是研究两个或两个以上随机变量间相关关系的统计分析方法[①]。相关分析中各指标处于同等地位，不分主次，通过相关系数 r 来定量描述指标之间的线性相关程度。如果两个指标的变化趋势相同，则称之为正向线性相关，反之则称之为负向线性相关。r 的取值范围在 -1 到 1 之间，0 代表不相关，正值代表正相关，负值代表负相

---

① 朱星宇，陈勇强. SPSS多元统计分析方法及应用 [M]. 北京：清华大学出版社，2011：137.

关。r的绝对值代表两个指标之间的相关程度，绝对值越大，代表两个指标相关的密切程度越高，反之越低。在相关性分析研究中，主要应用的方法有皮尔逊（Pearson）分析、斯皮尔曼（Spearman）分析和肯德尔（Kendall）分析，其中皮尔逊分析适用于正态分布的指标，斯皮尔曼分析适用于非正态分布的指标。

对高校网络舆论引导力评价指标进行数据特征分析，一方面能够深刻理解测度指标内部、外部间关系的强弱及相互影响，从而进一步完善评价指标体系，指导评价实证的开展。另一方面也能促进对高校网络舆论引导力形成过程与运作机制的深刻理解，从而指导新媒体环境下高校信息传播及舆论引导工作，提升高校网络舆论引导力。

5.3.2　基于主成分与因子分析的高校网络舆论引导力单维度评价方法

本书首先对高校网络舆论引导力进行单维度评价，即对高校话语传播力、话语影响力及危机应对力进行评价，从而更清楚地了解各维度的情况。高校网络舆论引导力评价指标之间存在一定的内生性，因此选择主成分与因子分析相结合的方法对高校网络舆论引导力各维度指标进行降维，开展单维度评价与分析。

在评价管理相关研究中，为了能够得到科学合理的评价结果，通常使用多指标进行评价，这会引起信息重叠等内生性问题，难以真正反映研究问题的内在规律及特征。由此提出主成分分析（PCA）和因子分析（FA），用于解决指标之间的共生性问题。两者都是应用最广泛的数据降维多元统计分析方法，能在保证信息完整度的前提下最大限度地将多个原始指标转化为几个不相关的综合指标。本书将结合主成分分析与因子分析对高校网络舆论引导力进行单维度评价。在提取公因子时选用主成分分析法，通过对原始指标的协方差矩阵分析进一步解释高校各维度指标之间的内在关系。因子旋转使高校网络舆论引导力评价指标在因子分析时更加容易解释。

本书使用因子分析进行单维度评价时主要包括以下四个步骤：一是确定待分析的高校网络舆论引导力原有若干评价指标是否适合做因子分析，对评价指标数值进行信度和效度检验。二是构造高校网络舆论引导力单维度评价的因子变量。三是通过因子旋转使提取出来的高校网络舆论引导力单维度评价的公因子更具可解释性，并确定公因子的贡献率。四确定各因子的得分系数，计算高校网络舆论引导力各维度得分并展开分析。

5.3.3 基于聚类评价的高校网络舆论引导力评价方法

聚类分析（Cluster Analysis）是将集合分为多个类别的过程，是研究事物分类的基本方法，被广泛应用于模式识别、数据挖掘、知识发现等研究领域。聚类分析通常用来描述不同类别的数据，衡量不同类别对象之间的相似度，以及将数据源分类到不同组中。该方法的原理是基于个体属性，通过科学的计算将多个对象分为若干类别，每个类别内部个体具有较高的相似度，不同类别之间差别较大。聚类的方法有很多种，其中k-mean聚类和层次聚类最为常用①。

目前大多数评价工作都采用排名方式呈现结果，通过相关数据的计算进行科学排名，使大众能够清晰看到每个评价对象在排名中的位置。一旦数据存在误差或者计算错误，这种呈现方式就会影响评价结果的准确性，无法客观反映现实情况。为了弥补这个缺点，本书在对高校网络舆论引导力进行综合评价时运用聚类分析方法，采用层次聚类法将高校划分为不同类别，并将结果映射到三维度的网络空间，从而对不同类别特征进行分析。

---

① 宋志刚，谢蕾蕾，何旭宏. SPSS 16实用教程 [M]. 北京：人民邮电出版社，2008.

5.3.4　融入BP神经网络算法的高校网络舆论引导力指标权重计算

通过层次聚类方法对高校网络舆论引导力进行评价能够得到不同类型的高校类别，但是没有办法计算每个指标的权重。因此本书以三维度得分的加权平均分作为最终结果，选择BP神经网络方法，运用机器学习的优点获取每个指标与最终结果之间的映射关系，构建高校网络舆论引导力评价的预测模型。

1）BP神经网络方法的优势

BP神经网络方法的最大优点是能够解决输入层指标与输出层指标的非线性关系。本书拟利用BP神经网络建立高校网络舆论引导力预测模型。BP神经网络是一种非线性和自学习的前馈神经网络，工作信号和误差信号在前馈和反向之间的交流能够模拟指标之间的非线性关系，从而实现对高校网络舆论引导力的预测评价。将BP神经网络引入到高校网络舆论引导力评价中不仅可以克服指标之间非线性的困难，免除人为因素的干扰，还可以根据不同的新媒体类型进行调整，提高模型的实用性和适用性。新媒体环境下海量数据特征使得大数据处理、自动化评价成为趋势，未来应该构建数据自动提取、分析与评价的信息系统，而BP神经网络能够实现大数据处理，并且具有自学习、灵活性等优点，能够将其集成到信息系统中。

2）数据处理

数据标准化处理是数据评价与挖掘的基础性工作。在多指标评价工作中，指标往往具有不同的量纲、数量级和单位，直接对原始数据进行比较和评价会影响评价结果。数据标准化处理可以保证评价指标之间的可比性。对数据进行标准化处理一般需要遵守三个原则：一是同一指标内部相对差距不变原则；二是不同指标间的相对差距不变原则；三是标准化后极大值相等原则。

目前使用较多的有两种标准化方式，分别是离差标准化和对数标准化。离差标准化计算公式如（5-6）所示，其中max表示样本数据的最大值，min表示样本数据的最小值。通过对序列 x_1，x_2，x_3，$\cdots$，x_n 进行转换，得到的新数据序列 y_1，y_2，y_3，$\cdots$，y_n 即为标准化后的数据，数据映射在0到1之间。离差标准化方式是数据标准化方式中最常用的方法，通过该方法对样本数据进行处理后能够消除指标数据之间的单位极限，将其转换为无量纲值，便于指标之间的横向比较和加权评价。

$$y_i = \frac{x_i - \max\limits_{1 \leq j \leq n}\{x_j\}}{\max\limits_{1 \leq j \leq n}\{x_j\} - \min\limits_{1 \leq j \leq n}\{x_j\}} \tag{5-6}$$

对数标准化计算，公式如（5-7）所示。根据获得的原始数据，不同高校的指标数据如转发数、粉丝数、点赞数之间具有较大数量级差异，数据波动较大，造成较高异方差性，从而对评价结果产生影响。而对数标准化方式能够实现较大数量级差异之间的标准化。

$$y = \ln(x + 1) \tag{5-7}$$

高校网络舆论引导力指标数据之间的差距较大。如果数据之间的量级相差太大，容易导致神经网络训练时权重之间的量级相差较大，导致网络"敏感"，因此需要首先对原始数据进行归一化处理，消除数据之间的量纲差距和数量级差距。

3）评价指标权重计算与预测模型构建步骤

本书选择BP神经网络算法构建高校网络舆论引导力评价模型，其原理是基于一定的算法，通过对样本数据不断自学习和训练，找到输入值和输出值之间的关系。通过对比测试集数据的预测值和实际值之间的误差选择最优模型和隐层节点数，计算输入层和隐层之间的权重系数 $w_{1,i}$。最后利用设计好的神经网络模型对高校网络舆论引导力进行评价，其步骤主要包括：

①通过各种方法采集样本数据，并按照8∶2的比例将样本数据随机划分为两组数据，其中80%数据作为训练集，20%数据作为测试集。

②设置神经网络模型的网络结构。本书设置一层隐层网络，将高校网络舆论引导力三维度得分的加权得分设定为预定义标签，即输出层；将高校网络舆论引导力的评价指标作为输入层，并对输入数据进行标准化处理，得到标准化后的输入层数据集合 x_1，x_2，x_3……x_p。

③设置神经网络模型参数及函数。其中 step size 设置为100，epoch 设置为50 000，在训练过程中采用共轭梯度法更新权重，通过试凑法的方式确定隐层节点数，每个节点数训练50次，取最优值作为隐层节点数设置评价模型。

④对单个样本数据进行训练。在输入层输入某一个高校的指标数据后，数据在神经网络中进行正向传递，经过隐层激活函数处理后在输出层输出高校网络舆论引导力得分 y，该值为高校网络舆论引导力评价的实际输出值。将高校网络舆论引导力实际输出值和期待输出值进行比较，如果两个值不相等，则会根据相关算法将误差信号进行反向传递，并通过共轭梯度法重新调整权重。通过不断循环训练得到输入层和隐层之间的权重系数 $w_{1,i}$，使得误差越来越小。

⑤输入不同样本的数据，不断重复上一步操作，当均方误差（Mean Square Error，MSE）小于阈值时停止学习和训练。本书中误差阈值设置为0.0001，其计算公式如（5-8）所示：

$$\text{MSE}(X，h) = \frac{1}{m}\sum_{i=1}^{m}(h(x_i) - y_i)^2 \tag{5-8}$$

⑥上述 BP 神经网络通过对样本数据的训练和测试，确定了网络的隐层节点数、权重和路径，从而确定了高校网络舆论引导力预测模型。

5.4 新媒体环境下高校网络舆论引导力评价模型的确立

在高校网络舆论引导力评价理论框架的指导下，本章节基于评价指标体系对评价指标的量化过程与评价方法进行设计，确立了新媒体环境下高校网络舆论引导力评价模型，如图5-6所示。

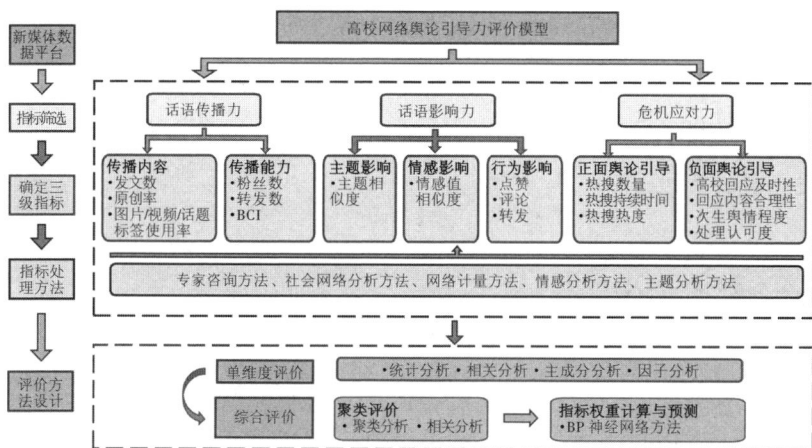

图5-6　新媒体环境下高校网络舆论引导力评价模型

具体而言，全书贯穿舆论引导力、信息传播、评价科学等理论，在高校网络舆论引导力形成机理、构成要素及作用力表征的基础上从话语传播力、话语影响力与危机应对力三个维度构建了高校网络舆论引导力评价理论框架，结合文献调研与新媒体环境特点确定了高校网络舆论引导力评价指标体系。基于统计分析与相关分析，结合数据对高校网络舆论引导力评价单指标数据特征进行分析，从而对评价指标进行修正和完善。在此基础上设计了多方法融合的高校网络舆论引导力评价方法，包括基于主成分分析与因子分析相结合的高校网络舆论引导力单维度评价；基于聚类分析对高校网络舆论引导力进行综合评价；基于BP神经网络计算评价指标的权重矩阵，确定评价模型，为未来实现大规模数据处理与评价提供思路参考。

本书在遵循科学评价流程与指标体系设计原则的基础上尝试设计了基于具体新媒体平台的高校网络舆论引导力评价模型。任何评价活动中都不存在绝对科学合理的评价体系，只存在相对科学合理的评价体系。评价体系只存在一般方法和模式，不可能实现万能通用。本书构建的高校网络舆论引导力评价模型符合"具体—抽象—具体"的辩证逻辑过程，是对高校网络舆论引导力基本问题逐渐深化、系统化的过程。由于目前还没有高校网络舆论引导力定量评价的相关研究，评价模型构建难度较高，评价指标选取尚不完善，需要根据具体需求适时调整和修正。

5.5　本章小结

本章在评价指标体系的基础上设计了评价指标的量化方法，并设计了多元融合的评价方法，确立了新媒体环境下高校网络舆论引导力评价模型。主要内容与结论包括：

首先，确定了新媒体环境下高校网络舆论引导力评价目标与原则。评价目标是对新媒体环境下高校网络舆论引导力水平与成效进行评估，同时为新媒体时代高校网络舆论引导力建设提供参考建议。高校网络舆论引导力评价原则包括导向性与时代性相结合、静态性与动态性相结合、定量评价与定性评价相结合、分维度与可比性相结合等原则。

其次，设计了评价指标的量化方法。情感影响指标采用情感分析方法与余弦相似度方法进行计算，结合word2vec词向量处理方法及余弦相似度算法获取了主题影响指标。负面舆论危机应对能力评价指标由专家根据负面热点事件中高校回应及反馈效果评分获得。行为影响指标通过对受众点赞、转发等行为反馈的大数据采集和分析获得。正面舆论热点生产力指标从热搜数据中通过分析正面舆论萃取。传播内容指数结合关键词共现网络主题挖掘及 BCI 传播指数计算平均数获得。

最后，设计了多方法融合的评价方法。高校网络舆论引导力评价指标数据特征分析采用描述性统计分析与相关分析等方法，在深刻理解测度指标内部、外部间关系的强弱及相互影响的基础上促进对高校网络舆论引导力形成过程与运作机制的认知。采用主成分与因子分析相结合的方法对高校网络舆论引导力各维度指标进行降维，解决信息重叠等内生性问题，开展单维度评价以更清楚地了解各维度情况。在对高校网络舆论引导力进行综合评价时采用层次聚类法将高校划分为不同类别，并将结果映射到三维度的网络空间实现了对不同类别特征的分析。基于 BP 神经网络计算评价指标的权重矩阵实现预测评价，为大数据处理与预测提供了思路参考。以上评价方法从多方面对高校网络舆论引导力进行了细致刻画与描述，促进了对新媒体环境下高校网络舆论引导力的科学合理评价，为决策提供了更丰富的参考信息。

新媒体环境下高校网络舆论引导力评价实证

——以新浪微博为例

在高校网络舆论引导力评价模型的基础上，本章以新浪微博平台为数据来源，选择了一定数量的高校样本对高校网络舆论引导力进行评价实证分析。

本章一方面验证了评价模型的可行性与评价结果的可信度，另一方面深入分析了高校网络舆论引导力的形成过程与运作机制，为高校网络舆论引导力建设提供了参考和建议。

6.1 数据来源及数据处理

6.1.1 新浪微博平台

微博是基于社会关系的社交网络平台，能够实现实时互动与传播。根据社会学家马克·格兰诺维特（Mark Granovetter）提出的"强关系"与"弱关系"概念，作为发展最早的"弱关系"新媒体应用，微博平台在国内拥有较大的用户量和较高的活跃度，具有一定的研究价值与典型性，因此本书选择新浪微博平台作为数据来源。后文基于新浪微博平台的数据特征遴选三级评价指标，并进行实证分析。

微博是微型博客的简称，能够提供社交服务。微博内容具有多媒体性，能够以文字、图片、音频、视频等形式发布，可以多角度、全面地反映事实，提升传播内容质量和传播能力。微博内容通常短而精，灵活度高，具有即时性、碎片化的特点。用户不需要花时间去组织长篇文字，降低了用户编辑微博信息的时间成本和精力。这种特征提高了用户发布信息的积极性和话语传播效率，也更容易形成蝴蝶效应①。

---

① 朱海松. 微博的碎片化传播：网络传播的蝴蝶效应与路径依赖［M］. 广州：广东经济出版社，2013.

从用户关系角度来看,微博用户关系呈现出以弱关系链为主、强关系链为辅的特点。传统社交网络中大部分用户是"好友"关系,而微博上大部分用户是互不相识的。微博用户关系呈现弱关系链特征,反而提升了信息传播效率。对于信息接收者来说,微博用户不仅可以发布自己的原创微博,还可以转发其他网页或者微博信息,并发表自己的意见。用户同时可以通过"#"符号构建或者加入固定的话题小组,通过微博搜索功能搜索自己感兴趣的博文,从而实现信息的聚合和扩散,增强信息传播的增值效应。网民通过转发、评论实现信息的传播与聚合,有利于实现大众的言论自由与话语表达。

微博的信息聚合与传播功能使微博信息具有裂变式扩散的特点。微博的出现降低了信息发布的门槛,用户之间的弱人际关系、自由灵活的信息聚合与扩散机制弱化了信息传播中"把关人"的角色和功能。因此微博平台很容易成为突发事件或者网络舆情发生的信息源头,也是网络舆情传播的主要通道。

有学者认为微博信息传播具有相对"多中心化"或"动态中心化"特征。从图6-1可以看出,以微博网络名人、知名媒体等拥有大量粉丝或者特殊身份的"网络大V"为主形成了意见领袖,这些意见领袖通过粉丝的转发与评论,能够造成较大影响。

本书基于微博平台的信息传播特征、信息内容显示方式、用户关系特征以及热点事件形成与传播特征设计高校网络舆论引导力评价指标。

6.1.2 高校样本选择

新媒体迅速发展带动的"粉丝经济"与"流量文化"促进了经济、文化产业模式的转型,但高校新媒体发展相对滞后。调研结果表明,目前较多高校新媒体账号不活跃,部分高校官方微博近一年

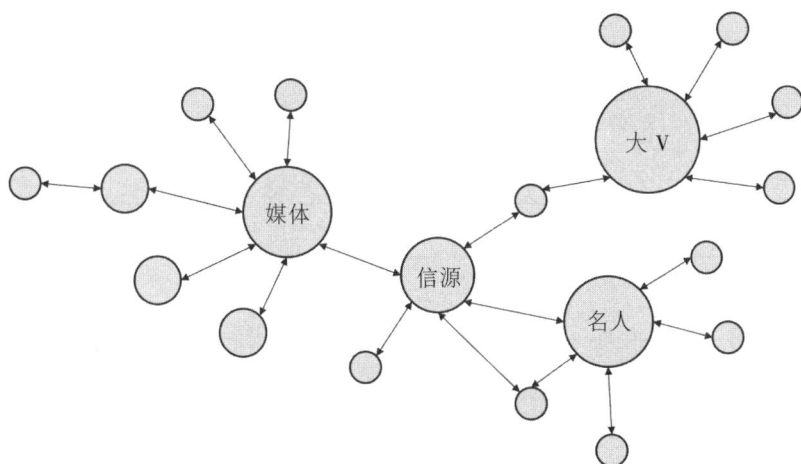

图 6-1　微博信息传播路径

没有发布任何信息。因此，本书将人民网教育频道与人民网舆情数据中心联合推出的《2018—2019 中国高校社会影响力排行榜》中上榜的 120 所高校作为样本，通过采集官方微博数据进行实证分析。

高校网络舆论引导力评价是动态变化的，无法采集所有时间段的数据。因此，本书以月为单位，采集了 2020 年 8 月至 12 月的数据，其中北京中医药大学没有官方微博，北京外国语大学官方微博在这段时间内没有发布任何信息，因此剔除这两所高校，将剩下的 118 所高校作为本书的评价样本，高校样本数据（包括高校微博名称和微博 UID）见表 6-1。

表 6-1　　　　　　　　　　　高校样本数据

高校微博名称	微博 UID	高校微博名称	微博 UID	高校微博名称	微博 UID
清华大学	1676317545	江南大学	1854563221	陕西师范大学	1833031745
北京大学	3237705130	西北工业大学	1769119665	福州大学	1870688711
武汉大学	1666177401	东北大学	1891849065	西南交通大学	2418433987
浙江大学	1851755225	重庆大学	1875333245	北京工业大学	5053641135

高校微博名称	微博UID	高校微博名称	微博UID	高校微博名称	微博UID
上海交通大学	1739746697	哈尔滨工程大学	1865804041	东华大学	1880834235
复旦大学	1729332983	上海大学	3243026514	北京邮电大学	1844283341
西安交通大学	1862928653	中国海洋大学	1825107551	华北电力大学	1892625005
南京大学	1768409523	西安电子科技大学	1854580681	北京林业大学	2831541162
中山大学	1892723783	郑州大学	5016338752	西北农林科技大学	3204433793
中国人民大学	2975787954	中国科学院大学	7261228880	长安大学	5208625512
南开大学	1851774145	北京理工大学	6728786240	南京理工大学	1873212643
华中科技大学	1663414103	华中师范大学	1878136331	南京师范大学	1866354385
北京师范大学	1875088617	中国农业大学	1851766841	北京化工大学	1864469905
厦门大学	1879192935	北京科技大学	1845850033	云南大学	1764661771
中南大学	1871765890	西南大学	1973665271	四川师范大学	2034194434
四川大学	3624694175	苏州大学	1007298497	内蒙古大学	2137271907
山东大学	1880883723	华南理工大学	5549605449	南昌大学	3019117930
天津大学	1871729063	河南大学	1827578857	河海大学	1853565117
同济大学	1865154537	华东理工大学	2028734565	广西大学	1968274691
东南大学	1703010470	江苏大学	1854829951	华南师范大学	5338220864
华东师范大学	1688511087	南京信息工程大学	5166784155	海南大学	5974895708
吉林大学	2271848313	南京航空航天大学	1805101535	中央民族大学	1844770327
中国科学技术大学	1823887605	南京农业大学	1905782710	四川农业大学	3882879808
兰州大学	1878134457	中国地质大学	1701020144	北京体育大学	7097660264
西北大学	1866373071	合肥工业大学	2348668214	北京语言大学	2898765734
湖南大学	1851726313	北京交通大学	1865345137	大连海事大学	3824793130

高校微博名称	微博 UID	高校微博名称	微博 UID	高校微博名称	微博 UID
大连理工大学	3082822153	暨南大学	1874566305	天津科技大学	2117838117
北京航空航天大学	5396134858	中国石油大学(华东)	1865978564	南京林业大学	2237972353
电子科技大学	3982954755	武汉理工大学	1899783701	中国美术学院	2001487693
哈尔滨工业大学	1873625985	华中农业大学	1690023261	湘潭大学	5725856399
河北工业大学	3241567720	太原理工大学	7461590254	北京中医药大学	
中国石油大学(北京)	3722831354	西南财经大学	5177052315	中国民航大学	5324926464
中国政法大学	1853914071	首都师范大学	5583497617	上海音乐学院	6045755938
中南财经政法大学	1216903164	中国矿业大学	2100473654	中国地质大学(北京)	2878540452
中国矿业大学(北京)	5084608343	东北师范大学	1924502695	宁夏大学	1901559451
对外经济贸易大学	1980761473	西南政法大学	1916627235	中央美术学院	1998766813
北京第二外国语学院	1903958645	湖北大学	1853885371	上海外国语大学	1887685537
中国传媒大学	5503968735	贵州大学	1847300301	西南石油大学	5067397980
湖南师范大学	1866488605	天津工业大学	3964595614	四川传媒学院	2188184854
北京外国语大学	1873032605	北方工业大学	6079534197	天津师范大学	1367439987

　　本书根据话语传播力和话语影响力的高校样本，检索了 118 所高校 2020 年的微博热搜，发现其中有 70 所高校具有微博热搜词条，即在 2020 年成为过舆论热点，对社会舆论产生了较大影响力。

　　本书对舆论引导力的评价以这 70 所高校为样本数据，高校名称与 2020 年热搜数量见表 6-2。

表6-2 高校舆论引导力评价样本

高校名称	热搜数量	高校名称	热搜数量	高校名称	热搜数量
清华大学	61	大连理工大学	3	陕西师范大学	2
北京大学	37	北京航空航天大学	3	福州大学	4
武汉大学	50	电子科技大学	2	西南交通大学	4
浙江大学	11	哈尔滨工业大学	10	西北农林科技大学	1
上海交通大学	2	东北大学	1	长安大学	1
复旦大学	8	重庆大学	1	南京师范大学	7
西安交通大学	1	哈尔滨工程大学	3	四川师范大学	1
南京大学	3	上海大学	4	南昌大学	2
中山大学	5	中国海洋大学	2	广西大学	2
中国人民大学	1	西安电子科技大学	4	海南大学	2
南开大学	3	郑州大学	2	中央民族大学	3
华中科技大学	6	中国科学院大学	8	南京林业大学	2
北京师范大学	2	北京理工大学	1	中国美术学院	3
厦门大学	7	中国农业大学	2	中国传媒大学	13
中南大学	1	华南理工大学	2	湖南师范大学	3
四川大学	8	河南大学	1	西南政法大学	1
天津大学	9	华东理工大学	1	湖北大学	3
同济大学	9	江苏大学	4	天津工业大学	1
东南大学	2	南京信息工程大学	2	北方工业大学	1
吉林大学	2	南京航空航天大学	1	宁夏大学	4
中国科学技术大学	5	合肥工业大学	1	中央美术学院	2
兰州大学	3	暨南大学	1	天津师范大学	2
西北大学	1	武汉理工大学	1		
湖南大学	4	华中农业大学	2		

6.1.3　评价指标遴选及数据处理

不同类型新媒体平台的评价指标表现形式不同，在对评价指标体系的实际应用中应该根据不同新媒体平台的特点进行综合考量。

本书以新浪微博为数据平台，依据相关文献，结合指标设计原则，对指标进行筛选和调整，设计了面向新浪微博平台的应用指标体系。

本书作为第三方评估难以获得高校部门内部数据及新浪微博的运营数据，因此，本书在遵循全面性、针对性、可测性、动态性、定量与定性相结合的指标体系设计原则基础上设计了适用于新浪微博平台的评价指标体系。

这些指标旨在反映高校在新浪微博平台的网络舆论引导力效果，并进行准确评价。经过指标筛选共得到了适用新浪微博平台的高校网络舆论引导力评价指标23个（见表6-3），其中有20个定量指标，3个定性指标。

表6-3　　适用微博平台的高校网络舆论引导力评价指标体系

维度	二级指标	三级指标	指标序号
话语传播力	传播内容	发文数量	（X1）
		原创率	（X2）
		学术知识传播指数	（X3）
		思政教育传播指数	（X4）
		校园文化传播指数	（X5）
	传播能力	粉丝数	（X6）
		转发数	（X7）
		传播指数（BCI）	（X8）
话语影响力	行为影响	平均转发数	（X9）
		最高转发数	（X10）

维度	二级指标	三级指标	指标序号
话语影响力	行为影响	平均评论数	（X11）
		最高评论数	（X12）
		平均点赞数	（X13）
		最高点赞数	（X14）
	主题影响	主题相似度	（X15）
	情感影响	情感值相似度	（X16）
危机应对力	正面舆论热点生产力	正面热搜数量	（X17）
		正面热搜热度	（X18）
		正面热搜上榜时间	（X19）
	负面舆论危机应对能力	高校回应及时性	（X20）
		回应内容合理性	（X21）
		次生舆情程度	（X22）
		处理认可度	（X23）

为了更清晰地展示指标之间的隶属关系和层次，本书以表格的形式对高校网络舆论引导力评价指标的含义与可操作定义进行了说明，详见表6-4。

表6-4 适用微博平台的高校网络舆论引导力评价指标解释说明

维度	二级指标	说明	三级指标	可操作定义
话语传播力	传播内容	高校在微博平台传播内容的数量与质量	发文数量	高校在微博平台发布的博文总数
			原创率	某段时间内，高校在微博平台发布的原创博文数占总博文数的比例

维度	二级指标	说明	三级指标	可操作定义
话语传播力	传播内容	高校在微博平台传播内容的数量与质量	学术知识传播指数	某段时间内，高校在微博平台发布的学术知识相关内容的传播指数
			思政教育传播指数	某段时间内，高校在微博平台发布的思政教育相关内容的传播指数
			校园文化传播指数	某段时间内，高校在微博平台发布的校园文化相关内容的传播指数
	传播能力	高校在微博平台信息传播的广度与深度	粉丝数	高校在微博平台的粉丝数量
			转发数	某段时间内，高校信息在微博平台被转发的数量
			传播指数（BCI）	使用清博舆情BCI指数来衡量高校在微博平台的综合传播能力
话语影响力	行为影响	话语受众在行为上表现出的高校设置网络议题的影响力	平均转发数	某段时间内，高校发布的信息平均被转发次数
			最高转发数	某段时间内，高校发布的信息被转发的最高次数
			平均评论数	某段时间内，高校发布的信息平均被评论的次数
			最高评论数	某段时间内，高校发布的信息被评论的最高次数
			平均点赞数	某段时间内，高校发布的信息平均被点赞的次数
			最高点赞数	某段时间内，高校发布的信息被点赞的最高次数

维度	二级指标	说明	三级指标	可操作定义
话语影响力	主题影响	话语受众评论内容与高校设置议题的一致性	主题相似度	某段时间内，受众评论的主题与高校推文的主题相似度
	情感影响	话语受众在情感上表现出的高校网络议题的影响力	情感值相似度	某段时间内，受众评论的情感值与高校推文的情感值相似度
危机应对力	正面舆论热点生产力	高校正面微博引起网络用户关注，成为网络热点，发挥正面积极的舆论引导效应	正面热搜数量	某段时间内，高校正面微博热搜数量
			正面热搜热度	某段时间内，高校正面微博热搜热度
			正面热搜上榜时间	某段时间内，高校正面微博热搜持续上榜时间
	负面舆论危机应对能力	在负面网络舆情中，高校通过积极正确发声来控制舆论方向，将网络舆论向正面舆论引导	高校回应及时性	高校回应负面舆情事件是否及时
			回应内容合理性	高校回应负面舆情事件的内容的合理性，如回应策略的合理性、内容的公开性与可信性
			次生舆情程度	高校回应是否引发了次生舆情，次生舆情的热度及超出事件本身的程度
			处理认可度	受众对高校的回应及处理结果的认可度，如受众评论的情感积极性，舆论是否赞同

本书数据来源于新浪微博网站，利用新浪微博 API 接口和 Python 自编程序对 118 所高校的数据进行采集，采集到的数据以 csv 格式进行存储。

每所高校的数据主要包括三部分：第一部分是该高校 2020 年 8 月 1 日至 2020 年 12 月 22 日的原创微博信息，包含 id、bid、正文、头条文章 url、原始图片 url、视频 url、日期、点赞数、评论数、转发数、话题、@用户等。第二部分是该微博账号的信息，包括用户 id、昵称、性别、所在地、微博数、粉丝数、关注数、简介、主页、头像、高清头像、微博等级、会员等级、是否认证、认证类型、认证信息等。

本书将 118 所高校数据的两个 csv 格式文件进行汇总，得到两个表格，分别为 98 323 条原创微博信息的数据（格式如图 6-2 所示）和 118 条高校微博账号信息数据（格式如图 6-3 所示）。第三部分是高校的评论数据，通过自编程序随机获取每所高校微博信息的 1 000 条评论数据，构成评论数据集，共 118 000 条微博评论数据（格式如图 6-4 所示）。

	A	B	C	D	E	F	G	H	I	J	K	L	M
1	id	bid	正文	头条文章url	原始图片url	视频url	日期	点赞数	评论数	转发数	话题	@用户
	苏州大学	4.56E+15	JpFkb9GS	#苏州大学建校120周年 昔	https://wx2.sinaimg.cn/large		2020/10/18	1907	275	510	苏州大学建校120周年	
	苏州大学	4.58E+15	JzD4ftKQv	#午后絮语#四季交换，时	https://wx2.sinaimg.cn/large		2020/12/22	18	4	0	午后絮语	
	苏州大学	4.58E+15	JzCWdl80E	#苏心美食#冷冷的天里就	https://wx1.sinaimg.cn/large		2020/12/22	20	0	0	苏心美食	
	苏州大学	4.58E+15	JzAVW7ioQ	#早安，苏大 "小时候，谁	https://wx2.sinaimg.cn/large		2020/12/22	69	27	2	早安，苏大	
	苏州大学	4.58E+15	Jzxyu3AGs	#晚安苏大#冬至是一年中	https://wx3.sinaimg.cn/large		2020/12/21	58	25	4	晚安苏大	
	苏州大学	4.58E+15	Jzx93m2aF	#大苏听你说#宝贝们今天	https://wx4.sinaimg.cn/large		2020/12/21	19	4	0	大苏听你说	
	苏州大学	4.58E+15	JzwLygDXQ	#今日读苏#近日，文旅部拟确定21家旅游景区为国家5			2020/12/21	340	3	1	今日读苏	

图 6-2　高校微博信息示例数据

	A	B	C	D	E	F	G	H	I	J	K	L	M	N	O	P	Q	R
	用户id	昵称	性别	所在地	微博数	粉丝数	关注数	简介	主页	头像	高清头像	微博等级	会员等级	是否认证	认证类型	认证信息		
	1.87E+09	西北大学	m	陕西	21487	185716	829	西北大学	https://m.v	https://tva:	https://wx2	46	6	TRUE	4	西北大学官方微博，教育官	
	1.68E+09	清华大学	m	北京 海淀[	15555	4621595	32	这是清华与	https://m.v	https://tva:	https://wx2	41	6	TRUE	4	清华大学官方微博，教育官	
	3.24E+09	北京大学	m	北京	27929	4416842	201	北京大学	https://m.v	https://tva:	https://wx2	48	7	TRUE	4	北京大学官方微博，教育官	
	1.07E+09	武汉大学	f	湖北 武汉	20503	2030323	717	江城多山	https://m.v	https://tva:	https://wx2	40	6	TRUE	4	武汉大学官方微博，教育官	
	1.85E+09	浙江大学	m	浙江 杭州	28446	2526389	729	浙江大学	https://m.v	https://tva:	https://wx2	48	7	TRUE	4	浙江大学官方微博，教育官	
	1.74E+09	上海交通力	f	上海	40267	3041584	617	天地交而[	https://m.v	https://tva:	https://wx2	48	6	TRUE	4	上海交通大学官方微博，数	
	1.73E+09	复旦大学	m	上海 杨浦[	12708	3867895	2073	复旦大学[	https://m.v	https://tva:	https://wx2	45	6	TRUE	4	复旦大学官方微博，教育官	
	1.86E+09	西安交通力	m	陕西	29193	1995831	448	西安交通力	https://m.v	https://tva:	https://wx2	48	7	TRUE	3	西安交通大学官方微博，数	

图 6-3　高校微博账号信息示例数据

```
A?
正确答案是C哦
B?
一家人难得统一&amp;亲手包的白菜馅儿
D?
这条微博太有用了
一定要考上二外
学姐学长们加油呀
正确答案是B哦
A?
D?
程老师
bullet <a href='http://t.cn/A6qMsthc' data-hide="><span class='url-icon'><img style='width: 1rem;height: 1rem'
src='//h5.sinaimg.cn/upload/2015/09/25/3/timeline_card_small_web_default.png'></span> <span class='surl-text'>网页
链接</span></a>
<a href='/n/阿拉蕾阿_'>@阿拉蕾阿_</a> 来看!
<a href='/n/高兴女孩123'>@高兴女孩123</a> <a href='/n/欢喜公主345'>@欢喜公主345</a> <a href='/n/快乐妇女
456'>@快乐妇女456</a> <a href='/n/开心网友789'>@开心网友789</a> 来给我学!!!
正确答案是C哦
```

图 6-4　高校微博评论示例数据

在对高校话语传播力的解析过程设计的基础上，本书对高校在微博平台的话语传播力指标进行量化与处理，获取每个高校发文数、原创率、学术知识传播指数、思政教育传播指数、校园文化传播指数、粉丝数、转发数等指标，通过清博指数获取传播指数（BCI）指标，然后对指标特征进行具体分析。数据标准化方法在5.4.4节进行了详细阐述。本书在遵循数据标准化三个原则的基础上，借鉴清华大学新闻中心对政务微博传播力数据的处理方式，采用自然对数对指标进行标准化。

根据本书舆论引导力评价指标的设计，舆论引导力维度分为正面舆论热点生产力和负面舆论危机应对能力两个组成要素。其中正面舆论热点生产力评价指标来源于微博热搜榜单数据，包括热度、时间、本站点击次数、持续上榜时间等（如图6-5所示）。本书采用自然对数标准化方式对高校正面舆论生产力指标进行标准化。

高校名称	序号	话题	正负面（正1负2）	热度	时间	本站点击次数	当日上榜时间（分）
清华大学	1	清华机器人都开始组乐队了	1	72529	20-01-04 12:02	0	218
清华大学	1	清华美院男生堆思想者雪人	1	42087	20-01-06 18:10	0	804
清华大学	1	清华博士宅在家给猫讲函数	1	152275	20-01-27 09:54	1	526
清华大学	1	95岁清华物理系教授直播授课	1	156503	20-02-20 17:52	0	278
清华大学	1	象棋冠军获保送清华资格	1	292529	20-03-05 12:50	2	62
清华大学	1	华男同学为女生准备电子版节日条	1	153595	20-03-07 14:34	0	4
清华大学	1	清华学生湖北老家社区防疫28天	1	161684	20-03-09 13:20	0	238

图 6-5　高校微博热搜数据示例图

按照评价指标的设计，本书对负面舆论危机应对能力指标主要采用专家咨询的方法获取。我们邀请了3位专业人士对高校负面舆论危机应对能力进行评价，其中1位为武汉大学信息管理学院博士研究生，1位为武汉大学新闻传播学院博士研究生，1位来自某985高校宣传部舆情团队。3位专业人士按照指标设计根据高校在负面热点事件中处理舆情的"时、度、效"对回应内容合理性、次生舆情程度和受众认可度3个指标进行打分，最后计算总分数，总分数采取百分制。

本书采用离差标准化方法对负面舆论危机应对能力评价指标进行标准化。

6.2 新浪微博平台高校网络舆论引导力评价指标特征分析

根据新媒体环境下高校网络舆论引导力评价模型，在确定数据来源、高校样本并对指标数据进行处理与量化之后，本节采用描述性统计、Q-Q图分析、相关性分析等方法对各维度评价指标特征进行了分析，采用主成分分析与因子分析等方法对新浪微博平台的话语传播力、话语影响力与舆论引导力各维度进行评价，并对评价结果进行分析。

6.2.1 传播力评价指标特征及结果分析

1）指标数据分析

表6-5列出了118所高校话语传播力评价指标的描述性统计结果，包括最小值、中位数、最大值、均值、标准差、偏度和峰度等。从表中可以看出，学术知识传播指数的均值、中位数高于思政教育传播指数，校园文化传播指数与综合传播指数（BCI）四个指标数据接近，标准差较小，指标数据集中趋势相对明显。原创率的最大值、均值和中位数较大，均超过0.9。

表6-5　　　　　　　　高校话语传播力评价指标描述性统计

指标	集中趋势与离散程度					分布形态	
	最小值	最大值	均值	中位数	标准差	偏度	峰度
发文数	288	101 751	16 652.62	14 141	13 158.68	2.532	13.682
原创率	0.34	0.99	0.9	0.94	0.12	-2.65	8.402
学术知识传播指数	134.32	865.45	273.05	252.43	187.97	1.086	1.92
思政教育传播指数	25.54	998.07	198.05	187.25	112.23	-0.105	-0.616
校园文化传播指数	521.34	1 278.34	835.74	923.43	156.77	-3.26	13.301
粉丝数	3 907	4 616 034	555 314.13	301 265	809 007.29	3.24	11.68
转发数	61	147 453	8 299.31	3 925	15 460.46	6.60	56.49
传播指数（BCI）	600.89	1 293.66	938.04	937.22	137.92	0.15	-0.09

原创率达到0.9，说明高校官方微博发布的信息中90%以上是原创信息，并且会带上话题标签，具有一定的议题设置作用。高校校园文化传播指数的均值、中位数高于思政教育传播指数与科学知识传播指数，说明校园文化相关内容的传播效果较好。高校官方微博的发文数差距较大，标准差较大，说明各个高校对于微博运营的重视程度具有较大差别。四川传媒学院在微博平台发布的信息数量最多，超过10万条。中国科学院大学在微博平台发布的信息数量最少，仅288条。

粉丝数是高校传播力的基础，高校强大的凝聚力为高校带来了庞大的粉丝基数。从本书的样本数据来看，太原理工大学在微博平台粉丝数量最少，为3 907。79%的高校粉丝数在10万以上（见表6-6）。有6所高校在微博平台的粉丝数量达到200万，其中清华大学和北京大学在400万以上，上海交通大学和复旦大学在300万以上，武汉大学和浙江大学在200万以上。这些庞大的粉丝数是高校传播广度的重要体现，也是高校在微博平台的直接话语受众。

粉丝数	高校微博个数	占比
1~1万	2	2%
1万~10万	22	19%
10万~50万	58	49%
50万~100万	20	17%
100万~200万	10	8%
200万~500万	6	5%

　　转发数与传播指数反映了高校话语传播的深度。高校发布的信息通过受众行为可以进行二次传播或者多次传播，提升高校话语传播深度。高校微博转发数相差较大，最高接近15万，最低不到100，均值较低。传播指数因为是综合指标，差距较小，反映了高校话语传播综合能力较强。表6-7展示了高校话语传播力指标之间的相关性，大部分指标之间呈正相关的关系，并且是强正相关关系。

表6-7　　　　　　高校话语传播力评价指标相关性分析

指标	发文数	原创率	学术知识传播指数	思政教育传播指数	校园文化传播指数	粉丝数	转发数	传播指数（BCI）
发文数	1.000	0.437**	0.198*	-0.121	0.370**	0.492**	0.693**	0.441**
原创率	0.437**	1.000	0.086	0.034	0.348**	0.169	0.368**	0.128
学术知识传播指数	0.198*	0.086	1.000	-0.739**	0.033	0.034	0.262**	0.196*
思政教育传播指数	-0.121	0.034	-0.739**	1.000	-0.007	-0.005	-0.219*	-0.122
校园文化传播指数	0.370**	0.348**	0.033	-0.007	1.000	0.210*	0.304**	0.219*
粉丝数	0.492**	0.169	0.034	-0.005	0.210*	1.000	0.642**	0.578**
转发数	0.693**	0.368**	0.262**	-0.219*	0.304**	0.642**	1.000	0.634**
传播指数（BCI）	0.441**	0.128	0.196*	-0.122	0.219*	0.578**	0.634**	1.000

　　注：**表示在0.01级别（双尾）相关性显著；*表示在0.05级别（双尾）相关性显著。

2）评价结果

根据高校网络舆论引导力评价模型，本书结合主成分分析法与因子分析法对高校网络话语传播力进行评价与分析，指标分别为发文数、原创率、学术知识传播指数、思政教育传播指数、校园文化传播指数、粉丝数、转发数和传播指数（BCI）。

其步骤及结果如下：

（1）信度分析

本书以118所高校为样本，基于新浪微博数据对高校话语传播力进行评价。首先对指标进行信度检验，指标的信度指同一指标经多次计算后的差异性，信度越高，说明一致性越强。

信度检验的方法较多，如克朗巴哈系数（Cronbach's α）、信度重测法、信度复本法和信度折半法。本书选用克朗巴哈系数进行信度检验，这也是最常用的测量方法。一般而言，克朗巴哈系数值应该在0.7以上，否则需要重新修订研究量表。本书使用SPSS软件对高校话语传播力的8个指标进行信度检验，计算结果为0.702（见表6-8），说明指标体系信度良好。

表6-8　　　　高校话语传播力评价指标信度检验

Cronbach's α	项数
0.702	8

（2）评价结果及分析

相关性分析表明，部分指标之间具有强正相关关系，指标具有内生性特征，直接评价会影响评价结果的准确性，因此，本书采用因子分析方法对指标数据进行降维。

本书运用主成分分析法抽取出公因子对高校话语传播力评价指标进行简化，找出指标结构体系。首先通过KMO和巴特利特球形检验对高校话语传播力评价指标进行效度分析，判断指标数据是否适合进行因子分析。

通常情况下KMO值超过0.5认为可以做因子分析。

本书的话语传播力指标效度检验KMO值为0.684（见表6-9），说明话语传播力指标可以做因子分析。

表6-9　　　　高校话语传播力指标KMO和巴特利特球形检验

KMO取样适切性量数（KMO值）		0.684
巴特利特球形检验	近似卡方	131.211
	自由度	10
	显著性	0.000

表6-10为高校话语传播力指标公因子方差比，即提取高校话语传播力指标相应数量主成分后，各指标被提取出来的信息比例。结合主成分列表（表6-11）可以看出，特征根大于1的有两个公因子，它们累计解释了总变量的52.053%，因此本书选取这两个公因子来评价微博平台中高校话语传播力水平。

表6-10　　　　高校话语传播力指标公因子方差比

指标	指标标号	初始	提取
发文数	（X1）	1.000	0.605
原创率	（X2）	1.000	0.293
学术知识传播指数	（X3）	1.000	0.043
思政教育传播指数	（X4）	1.000	0.152
校园文化传播指数	（X5）	1.000	0.481
粉丝数	（X6）	1.000	0.620
转发数	（X7）	1.000	0.619
传播指数（BCI）	（X8）	1.000	0.650

表6-11　　　　　　　高校话语传播力指标主成分列表

成分	初始特征值			提取载荷平方和			旋转载荷平方和		
	总计	方差百分比	累积百分比	总计	方差百分比	累积百分比	总计	方差百分比	累积百分比
1	2.539	31.732	31.732	2.539	31.732	31.732	2.350	29.369	29.369
2	1.626	20.321	52.053	1.626	20.321	52.053	1.815	22.684	52.053
3	1.229	15.367	67.420						
4	0.921	11.516	78.936						
5	0.682	8.524	87.460						
6	0.438	5.469	92.929						
7	0.311	3.886	96.815						
8	0.255	3.185	100.000						

提取方法：主成分分析法。旋转方法：Kaiser正态化最大方差法。旋转在3次迭代后已收敛。

　　本书采用方差最大化正交旋转寻找各因子代表的实际意义，表6-12为高校话语传播力评价指标旋转后的因子荷载矩阵。第一个主因子由粉丝数、转发数、传播指数（BCI）三个指标组成，这些指标都属于高校话语传播能力的特征指标，因此将第一个主因子归纳为话语传播能力因子（Y1）。第二个主因子由发文数、原创率、学术知识传播指数、思政教育传播指数、校园文化传播指标组成，因此将第二个主因子归纳为话语传播内容因子（Y2）。

　　根据因子分析与主成分分析，表6-13展示了话语传播能力因子（Y1）和话语传播内容因子（Y2）的得分系数矩阵。

表6-12   高校话语传播力指标旋转后的因子载荷矩阵

指标	指标标号	成分1（Y1）	成分2（Y2）
发文数	（X1）	0.213	0.571
原创率	（X2）	0.061	0.326
学术知识传播指数	（X3）	0.059	0.316
思政教育传播指数	（X4）	−0.034	−0.923
校园文化传播指数	（X5）	0.041	0.485
粉丝数	（X6）	0.787	0.013
转发数	（X7）	0.744	0.257
传播指数（BCI）	（X8）	0.796	0.131

依据8个指标对应的两个成分的得分系数，分别计算话语传播能力因子（Y1）和话语传播内容因子（Y2）得分：

$$Y1 = 0.229X1 + 0.137X2 - 0.056X3 + 0.068X4 + 0.187X5 + 0.345X6 + 0.304X7 + 0.338X8 \tag{6-1}$$

$$Y2 = 0.009X1 - 0.047X2 + 0.516X3 - 0.522X4 - 0.131X5 - 0.063X6 + 0.08X7 + 0.003X8 \tag{6-2}$$

表6-13   高校话语传播力指标成分得分系数矩阵

指标	指标标号	成分1（Y1）	成分2（Y2）
发文数	（X1）	0.229	0.009
原创率	（X2）	0.137	−0.047
学术知识传播指数	（X3）	−0.056	0.516
思政教育传播指数	（X4）	0.068	−0.522
校园文化传播指数	（X5）	0.187	−0.131
粉丝数	（X6）	0.345	−0.063
转发数	（X7）	0.304	0.080
传播指数（BCI）	（X8）	0.338	0.003

提取方法：主成分分析法；旋转方法：Kaiser正态化最大方差法。

根据指标总方差解释量表中旋转荷载平方和方差百分比计算得到话语传播能力因子（Y1）的权重为0.564，话语传播内容因子（Y2）的权重为0.436，最终得到高校话语传播力（F1）评价公式如下：

$$F1 = 0.564Y1 + 0.436Y2 \qquad (6-3)$$

采用式（6-3）分别对118所高校的微博数据进行计算，得到每个高校话语传播力得分，所有高校得分及排名见附录5。对得分进行描述性统计，均值为20，话语传播能力因子、话语传播内容因子和话语传播力最终得分的偏度都大于0，说明整体数据集中在低值区域。高校话语传播力得分相差较大，整体传播力有待进一步提升。由于篇幅所限，在此仅展示排名前十的高校（见表6-14）。

表6-14　基于微博平台高校话语传播力得分与排名（前十名）

排名	高校名称	话语传播能力因子 Y1	话语传播内容因子 Y2	话语传播力标准化得分
1	清华大学	4.86	1.19	100
2	北京大学	3.95	−0.15	79.83
3	武汉大学	2.60	0.34	61.53
4	浙江大学	2.27	0.45	56.97
5	复旦大学	2.67	−1.02	56.28
6	上海交通大学	2.60	−2.10	50.14
7	西安交通大学	1.44	0.18	43.11
8	南开大学	1.02	0.81	39.64
9	厦门大学	1.02	0.77	39.39
10	天津大学	0.89	0.45	35.96

高校话语传播力排名前十的高校分别为清华大学、北京大学、武汉大学、浙江大学、复旦大学、上海交通大学、西安交通大学、南开

大学、厦门大学、天津大学。

这些高校拥有较强的话语传播能力，不仅拥有较高粉丝数，能够进行广泛的一次传播，而且能够借助话语受众转发行为进行深度传播。以复旦大学为例，复旦大学连续8年获得中宣部舆情"好信息奖"，连续10年获得上海市舆情工作先进单位称号（复旦大学，2019），本书的评价结果也显示出复旦大学在微博平台具有较强的话语传播力。

6.2.2 影响力评价指标特征及结果分析

1）指标数据分析

本节的高校样本数据与6.1.1节相同，依然对118个高校在微博平台的话语影响力进行评价。根据评价指标体系的设计，高校话语影响力分为行为影响、情感影响和主题影响，具体包括平均转发数、最高转发数、平均评论数、最高评论数、平均点赞数、最高点赞数、主题相似度和情感值相似度8个指标。下面对这8个指标的集中与离散程度进行描述性统计与分析。

表6-15列出了118所高校在微博平台的话语影响力评价指标数据的描述性统计结果，包括最小值、中位数、最大值、均值、标准差、偏度和峰度，从中可以大致了解高校话语影响力指标数据的集中趋势、离散程度和分布形态。主题相似度和情感值相似度是标准化后的数值，因此在这里不做比较。

从表6-15中可以看出，平均转发数和平均评论数相对接近，而且标准差较小，表明这两组数据的集中趋势相对明显。而最高转发数、最高评论数、最高点赞数指标数据相差较大，且标准差较大，说明这些指标的数据集中趋势较弱，向两边离散趋势较明显。行为影响指标的偏度值大于0，峰度大于3，说明指标数据集中在低数值方向，呈现平坦的低阔峰分布形态。

图6-6是高校话语影响力评价指标的Q-Q图，主要用来检验数据分布是否呈现正态分布特征。图中直线为正态分布的标准线，如果预期值分布在标准线上，则指标数据服从正态分布；反之，则不服从正态分布。由图6-6可知，除主题相似度以外的7个话语影响力评价指标数据都不服从正态分布。

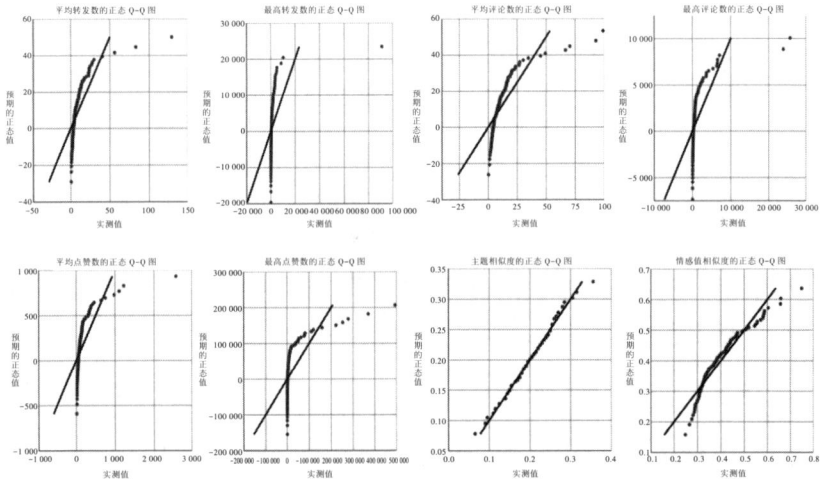

图6-6 高校话语影响力评价指标的Q-Q图

表6-15 高校话语影响力评价指标描述性统计

指标	集中趋势与离散程度					分布形态	
	最小值	中位数	最大值	均值	标准差	偏度	峰度
平均转发数	0.51	5.90	129.46	10.52	15.47	5.144	33.563
最高转发数	6	560	91 126	1 936.47	8 431.12	10.302	109.603
平均评论数	0.07	9.64	99.15	13.55	15.56	3.511	14.607
最高评论数	1	504.50	25 757	1 361.14	3 407.63	5.847	38.076
平均点赞数	12.17	91.99	2 581.26	170.57	297.90	5.526	38.498
最高点赞数	71	3 823.50	494 350	26 039.72	70 727.70	4.462	22.324
主题相似度	0.065	0.205	0.355	0.203	0.049	-0.038	0.347
情感值相似度	0.25	0.38	0.75	0.40	0.09	1.187	1.432

表6-16展示了各指标之间的相关性。从中可以看出，转发数、评论数和点赞数等行为影响指标之间具有强相关性，尤其是平均值指标之间。主题相似度与行为影响指标之间呈显著负相关关系，与情感值相似度指标之间呈显著正相关关系。除主题相似度指标外，情感值相似度与其他指标之间的相关关系较弱，和最高转发数、平均评论数、最高评论数、最高点赞数之间呈负相关的关系。接下来对各指标的分布特征进行详细解读。

表6-16 　　　　　　高校话语影响力评价指标相关性分析

指标	平均转发数	最高转发数	平均评论数	最高评论数	平均点赞数	最高点赞数	主题相似度	情感值相似度
平均转发数	1.000	0.659**	0.754**	0.511**	0.805**	0.500**	-0.207*	0.088
最高转发数	0.659**	1.000	0.509**	0.707**	0.557**	0.637**	-0.185*	-0.148
平均评论数	0.754**	0.509**	1.000	0.650**	0.891**	0.549**	-0.201*	-0.017
最高评论数	0.511**	0.707**	0.650**	1.000	0.606**	0.709**	-0.205*	-0.178
平均点赞数	0.805**	0.557**	0.891**	0.606**	1.000	0.674**	-0.167	0.027
最高点赞数	0.500**	0.637**	0.549**	0.709**	0.674**	1.000	-0.184*	-0.186*
主题相似度	-0.207*	-0.185*	-0.201*	-0.205*	-0.167	-0.184*	1.000	0.364**
情感值相似度	0.088	-0.148	-0.017	-0.178	0.027	-0.186*	0.364**	1.000

注：**表示在0.01级别（双尾）相关性显著；*表示在0.05级别（双尾）相关性显著。

主题相似度代表了话语受众在主题上对高校网络议题的跟随度，是衡量高校话语影响力的重要指标。对本书样本数据而言，基于微博平台的高校主题影响较低，最高不超过0.4，大部分集中在0.1~0.3之间（见表6-17）。通过对原始数据的分析发现，高校评论中讨论主题与高校设置的网络议题并不完全一致，但较多评论中表达了类似于

"好""加油""棒"的情感支持语言，也是对高校网络议题的赞同。由此可见，主题相似度和情感值相似度互为补充，能够更加准确地评价高校网络议题主导权。

表6-17   高校主题相似度指标分布特征

主题值相似度	高校个数	占比
0~0.1	3	3%
0.1~0.2	53	45%
0.2~0.3	59	50%
0.3~0.4	3	3%

情感值相似度代表着话语受众对高校在情感上的接受度与认可度，表6-18展示了高校的情感值相似度指标数据分布特征。

表6-18   高校情感值相似度指标分布特征

情感值相似度	高校个数	占比
0.1~0.2	6	5%
0.2~0.3	9	8%
0.3~0.4	50	42%
0.4~0.5	29	25%
0.5~0.6	18	15%
0.6~0.7	4	3%
0.7~0.8	2	2%

基于微博平台的高校情感影响力整体不高，82%集中在0.3~0.6之间，其中大连理工大学和中国美术学院两所学校的情感值相似度指标数据最高，达到0.7。除此之外，北京科技大学、华南理工大学、

暨南大学和中央美术学院的情感值相似度达到了0.6，情感表征指标表现较好。

2）评价结果

本书对于高校话语影响力的评价依然采用主成分分析与因子分析相结合的方法，评价过程与话语传播力评价过程相同，因此在此对于评价过程数据不再详细赘述，重在对评价结果的呈现与分析。

对高校话语影响力的8个指标进行信度检验，计算结果为0.876（见表6-19），说明指标体系信度良好。高校话语影响力指标效度检验KMO值为0.732（见表6-20），说明指标可以做因子分析。

表6-19　　　　　　　　高校话语影响力指标信度检验

Cronbach's α	项数
0.876	8

表6-20　　高校话语影响力指标KMO和巴特利特球形检验结果

KMO 取样适切性量数		0.732
巴特利特球形检验	近似卡方	743.445
	自由度	28
	显著性	0.000

本书采用方差最大化正交旋转寻找各因子代表的实际意义，表6-21为旋转后的因子荷载矩阵。第一个主因子由平均转发数、最高转发数、平均评论数、最高评论数、平均点赞数、最高点赞数六个指标组成，这些指标都属于高校行为影响评价指标，因此将第一个主因子归纳为行为影响因子（Y3）。第二个主因子由主题相似度指标和情感值相似度两个指标组成，因此将第二个主因子归纳为主题与情感影响因子（Y4）。

表6-21　　高校话语影响力指标旋转后的因子载荷矩阵

指标	指标代表序号	行为影响因子（Y3）	主题与情感影响因子（Y4）
平均转发数	(X9)	0.846	0.222
最高转发数	(X10)	0.816	−0.165
平均评论数	(X11)	0.859	0.128
最高评论数	(X12)	0.793	−0.202
平均点赞数	(X13)	0.908	0.165
最高点赞数	(X14)	0.797	−0.159
主题相似度	(X15)	−0.255	0.634
情感值相似度	(X16)	−0.020	0.644

提取方法：主成分分析法。旋转方法：Kaiser正态化最大方差法。旋转在3次迭代后已收敛。

根据高校话语影响力指标总方差解释量表，计算得到行为影响因子（Y3）的权重为0.805，主题与情感影响因子（Y4）的权重为0.195，最终得到高校话语影响力（F2）得分的计算公式为：

$$F2 = 0.805Y3 + 0.195Y4 \qquad (6-4)$$

分别计算118所高校在微博平台的话语影响力得分，所有高校得分及排名见附录6。整体得分的均值为44.7，中位数为44.73，行为影响因子、主题与情感影响因子和最终得分的偏度都大于0，说明整体数据集中在低值区域。基于微博平台的高校话语影响力得分差距较大，整体影响力有待进一步提升。由于篇幅所限，在此仅展示话语影响力排名前十的高校，详见表6-22。得分显示高校网络议题的主题与情感影响因子得分与行为影响因子得分不一致，差距较大。本书以影响力较强的清华大学、华南理工大学、大连理工大学、福州大学和北京大学为例进行详细分析。

表6-22　　基于微博平台的高校话语影响力得分与排名（前十名）

排名	高校名称	行为影响因子Y3	主题与情感影响因子Y4	得分标准化
1	清华大学	3.07719	−0.27066	100
2	华南理工大学	1.94916	2.64405	92.25168
3	南京师范大学	1.95396	0.07366	80.90696
4	大连理工大学	1.43112	2.11281	80.3765
5	上海交通大学	1.64706	0.81847	78.58451
6	江苏大学	1.80398	0.08180	78.18919
7	上海外国语大学	1.37879	1.40114	76.25022
8	福州大学	1.96180	−1.55227	73.81908
9	中国传媒大学	1.44300	0.46280	73.25564
10	北京大学	1.64487	−0.43522	72.96813

　　清华大学在微博平台的行为影响因子得分远远超过其他学校，虽然主题与情感影响因子得分没有达到平均水平，但是总分还是位居榜首。通过对原始数据的分析发现，在本书采集数据时间段内清华大学在微博平台的最高转发数达到9万、最高评论数达到5 350、最高点赞数超过11万，并且拥有超过461万的关注数量，信息受众的点赞、评论、转发等行为体现了清华大学在微博平台的强大影响力。然而清华大学在信息受众中的情感值相似度较低（0.3），其中积极情感倾向为0.22，甚至出现了0.11的负面情感倾向，通过分析评论发现，负面情感倾向与清华大学的负面网络舆情事件相关。而且清华大学在信息受众中的主题影响力较弱，主题相似度为0.115，未达到高校平均水平，还需进一步提高网络议题的引领力。

　　华南理工大学和大连理工大学排名靠前，得益于主题与情感影响因子得分较高。这两所高校在信息受众中的情感影响力较强，情感值相似度分别为0.6（华南理工大学）和0.7（大连理工大学），微博评论中的积极情感倾向达到0.4，话语受众的情感认同度高。华南理工大学的主题相似度达到0.315，在高校中具有较高的话题跟随度，大连理工大学的主题相似度也超过高校平均水平，网络议题的跟随度较高。这两所高校在微博平台具有较高的情感支持度与主题跟随度，呈现意见领袖特征。

福州大学和北京大学在微博平台的行为影响因子得分较高，但主题与情感因子得分较低，总分排名稍靠后。北京大学的情感值相似度为0.3，福州大学的情感值相似度为0.2，需要进一步提高在信息受众中的情感影响力。

综上所述，高校能够借助新媒体平台进行宣传，并且提高了其在网络空间的话语影响力。但话语受众的行为、主题和情感表征并不完全一致，主题与情感指标为高校话语影响力评价提供了更细粒度的参考单元，同时互为补充，是高校网络议题主导权的重要衡量标准。高校需要重视新媒体平台的建设与运营，提升网络议题影响力，加强高校在话语受众中的情感影响和主题跟随。

6.2.3 危机应对力评价指标特征及结果分析

1）数据分析

本书通过相关统计网站获取新浪微博平台2020年一年的微博热搜数据，共计78 455条，然后获取高校热搜数据，根据社会影响的极性将其分为正面热搜和负面热搜。从整体热搜数量来看，排名前三的高校分别为清华大学、武汉大学和北京大学。根据网易数读相关统计，从2017年至2019年，微博热搜数量排名前三的高校分别为清华大学、北京大学、武汉大学[①]。2020年武汉大学的热搜数量

---

① 网易数读. 谁才是中国最网红的大学［EB/OL］.（2020-08-30）［2021-04-21］. https：//baijiahao.baidu.com/s？id=1676438437163871615&wfr=spider&for=pc.

超过了北大，造成这一变化的原因可能与新冠肺炎疫情（以下简称"疫情"）相关。2020年武汉大学部分热搜与疫情相关，武汉大学地处2020年初疫情最严重的地区，因此更容易受到关注。不仅武汉大学，地处疫情中心的所有武汉高校都备受关注。武汉大学作为武汉的名校之一，凭借深厚的人文底蕴，在疫情期间充分发挥"网红大学"的宣传优势，紧随疫情走向，及时回应社会及网友关怀，最终以50条热搜稳占高校发声高地，体现出武汉大学较高的网络舆论热点生产力及舆论引导力。武大樱花已成为武大"一年一期"的热搜必备。2020年与武大樱花相关的热搜达到14条，围绕樱花的相关词条可以横跨一整年，如樱花开放、樱花直播、邀请医护人员赏樱等。在这特殊的一年里，清华大学、北京大学分别凭借61条和37条热搜数据排名前三，体现了网络用户对作为中国最高学府的两所名校的关注。

从正面热搜来看，清华大学、武汉大学和北京大学依然排名前三，说明这三所学校充分发挥了高校应该具备的正面舆论引导的效应和作用。同济大学和复旦大学作为上海市的知名高校也体现出了正面舆论引导的强大势头，从食堂月饼到樱花美景，从毕业典礼到开学仪式，屡次登上热搜榜单。作为军校，国防科技大学也位列前十。"高中同窗再续前缘，纷纷圆梦军校"等系列热搜的传播拉近了军校与网民的距离，激发了学子报考军校的热情。

对高校类型及各类型的正负面事件进行统计（如图6-7所示），无论是正面热点事件还是负面舆情事件，"双非"的本科院校以其庞大基数，积累了近500条微博热搜。多数以"某省高校""高校学子"等词条上热搜，在详情中才能看到具体高校名称。985高校、211高校组成的一百多所院校，也进入热搜榜300多次。其中，985高校更是积累了超过200条正面热搜，这些高校的热搜中常有

"校庆""毕业典礼""考上""开学""军训"等词语。知名高校常以全名见诸榜单，校内活动全国瞩目，可见头部高校的自带光环和群众基础。

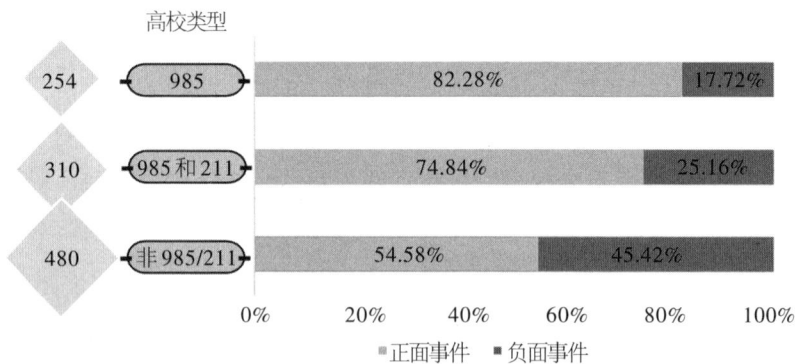

图6-7　基于微博平台不同类型高校热点事件表现

2）评价结果

本节以2020年微博热搜中与6.1.1节中118所高校重合的70所高校为样本数据，通过对高校热搜数据的量化与分析获得危机应对能力评价指标数据，并结合主成分分析与因子分析对舆论引导力进行评价，其中正面舆论热点生产力评价指标为正面热搜数量、正面热搜热度、正面热搜持续上榜时间，负面舆论危机应对能力评价指标为高校回应及时性、回应内容合理性、次生舆情程度、处理认可度，共计7个指标。

其过程和传播力、影响力评价过程一致，因此在舆论引导力评价中进行简要介绍，重在结果呈现。首先进行信度检验，计算结果为0.855（见表6-23），说明指标体系信度良好。

表6-23　　　　　高校危机应对能力指标信度检验

Cronbach's α	项数
0.855	7

通过KMO和巴特利特球形检验对高校危机应对能力评价指标数据进行效度检验，高校危机应对能力指标效度检验KMO值为0.760（见表6-24），说明这7个指标可以做因子分析。

表6-24　　高校危机应对能力指标KMO和巴特利特球形检验结果

KMO取样适切性量数（KMO值）		0.760
巴特利特球形检验	近似卡方	656.901
	自由度	21
	显著性	0.000

本书采用方差最大化正交旋转寻找各因子代表的实际意义，表6-25为旋转后的因子荷载矩阵。第一个主因子由高校回应及时性、回应内容合理性、次生舆情程度、处理认可度4个指标组成，这些指标都属于高校负面舆论引导特征指标，因此将第一个主因子归纳为负面舆论引导因子（Y5）。第二个主因子由正面热搜数量、正面热搜热度、正面热搜持续上榜时间3个正面舆论引导特征指标组成，因此将第二个主因子归纳为正面舆论引导因子（Y6）。

表6-25　　高校危机应对能力指标旋转后的因子载荷矩阵

指标	负面舆论引导因子（Y5）	正面舆论引导因子（Y6）
正面热搜数量（X17）	0.110	0.991
正面热搜热度（X18）	0.116	0.977
正面热搜持续上榜时间（X19）	0.104	0.984
高校回应及时性（X20）	0.909	0.121
回应内容合理性（X21）	0.901	0.112
次生舆情程度（X22）	0.809	0.164
处理认可度（X23）	0.922	0.002

提取方法：主成分分析法。旋转方法：Kaiser正态化最大方差法。旋转在3次迭代后已收敛。

根据指标总方差解释量表计算得到负面舆论引导因子（Y5）的权重为0.72，正面舆论引导因子（Y6）的权重为0.28，最终得到高校舆论引导力（F3）的计算公式为：

$$F3 = 0.72Y5 + 0.28Y6 \tag{6-5}$$

使用（6-5）式分别计算70所高校在微博平台的舆论引导力得分，所有高校得分及排名详见附录7。得分统计显示均值为56.7，中位数为57.9，整体而言，高校在热点事件中对受众的舆论引导力差距较大，有待进一步提升。由于篇幅所限，在此仅展示舆论引导力排名前十的高校（见表6-26）。通过排名发现高校在正面热点事件和负面热点事件中的舆论引导力表现并不一致，本书以舆论引导力较强的清华大学、武汉大学和中国海洋大学为例，通过对原始数据的分析来进一步深入探索高校在热点事件中的舆论引导力表现。

表6-26　基于微博平台的高校危机应对能力得分与排名（前十名）

排名	高校名称	正面舆论引导因子	负面舆论引导因子	得分标准化
1	清华大学	4.60	1.07	100
2	北京大学	4.99	0.26	94.54
3	同济大学	3.92	0.05	80.16
4	武汉大学	0.30	1.08	73.75
5	中国海洋大学	-0.54	1.96	53.57
6	中山大学	-0.33	1.55	51.00
7	南开大学	-0.18	1.12	47.35
8	西北农林科技大学	-0.53	1.37	46.59
9	上海大学	-0.20	1.05	46.34
10	华中科技大学	-0.03	0.86	45.99

面对新媒体这样一个多元融合的舆论场，较高的社会关注度是中国高校必须面对的现实。

高校要习惯在社会围观中坚守大学精神。在2020年的舆情事件中，清华大学以50次正面热搜数量位居第一，热度值达到6 836 626，持续时间达到21 931分钟。由此可见，清华大学在正面舆论引领中成效明显，得分最高。

清华大学作为中国第一学府，其举动更容易引起全国公众的关注，如学霸、保送清华、云跳蚤市场、毕业典礼等主题频频成为舆论热点，发挥了高校正面舆论引导的效应与作用。

通过对微博热搜原始数据的分析可以看出，武汉大学在2020年有44个正面热搜，热度达到8 248 206，热搜持续时间为16 227分钟。其中武汉大学樱花、战疫宣传片、云毕业典礼等相关事件引发了社会公众的广泛关注，传递出正能量，发挥了正面舆论宣传效应，提升了高校社会形象与社会影响力。此外，武汉大学对于负面舆情事件的处理及时有效，在"武大老牌坊遭车辆撞击"事件中，武汉大学及时公开信息，引导了社会舆论。

中国海洋大学排名靠前得益于其2020年在负面舆情应对时取得了较好成效。2020年，中国海洋大学依靠成熟的舆情策略和恰当的后续处置措施，在舆情应对中取得了较好的成效。2020年10月12日晚，多名网友在微博等社交媒体发布图文，爆料"中国海洋大学化粪池疑爆炸"，并且登上微博热搜。第二天上午中国海洋大学在处理负面舆情事件"化粪池爆炸"时，将学校的反馈分为处置和调查两个阶段，逐一在微博上给予回应。校方没有逃避，而是及时公布了处理进展。随后，中国海洋大学获得第二条热搜"否认化粪池爆炸"，之后谣言和负面声音减弱。抢占舆论引导力、赢得听众并成为意见领袖，是突发舆情应对与处理的关键。中国海洋大学在处理该舆情事件中，三条发声干净利落（如图6-8所示），反应迅速、姿态温和，牢牢掌握住舆论引导力，成为能够影响网友情绪的意见领袖。该案例被评为"2020年10月校园微博优秀案例"和"10月快速响应优秀案例"。由此，中国海洋大学也在负面舆情危机应对能力上取得了高分，但是由于正面热搜事件较少，正面网络舆论热点生产力得分较低，综合得分稍靠后。

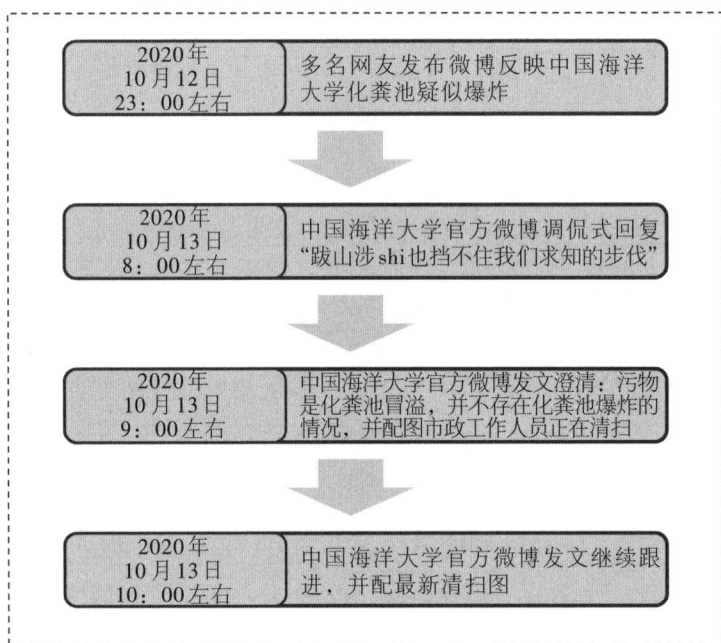

图6-8　中国海洋大学舆论引导案例

6.3　新浪微博平台高校网络舆论引导力评价结果分析

6.3.1　聚类分析结果

影响力评价、绩效评价及各种新媒体排行榜多采用排名的方式展示结果，使大众能够直观看到各个评价对象之间的排名。值得注意的是，如果数据出现误差或者计算错误就会影响结果的准确性，无法对现实情况进行客观反映。为了避免产生这类问题，可以采用聚类分析的方法对评价对象进行分组。每一组对象之间的差异较小，但是不同组之间的差异比较明显。按照评价模型的设计，本书采用聚类分析方法对高校网络舆论引导力进行综合评价。

本书采用层次聚类法，通过23个评价指标对70个高校进行聚类评价，然后将各个类映射到由话语传播力、话语影响力及危机应对力得分构成的三维空间，对高校网络舆论引导力特点进行分析。由聚类分析结果（如图6-9所示）可知，结合每类的平均值（见表6-27），70个高校一共可以分为4类。

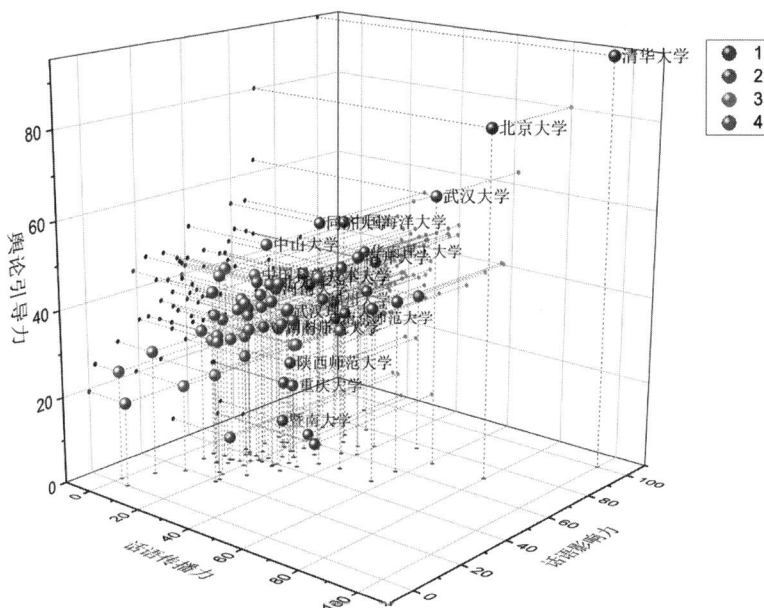

图6-9　聚类分析结果三维空间示意图

表6-27 各类高校网络舆论引导力得分平均值

聚类	话语传播力	话语影响力	危机应对力
1	80.45	80.25	91.57
2	31.30	67.12	40.28
3	19.00	33.82	34.07
4	18.98	53.95	16.63

第一类是清华大学、北京大学和武汉大学组成的具有最强网络舆论引导力的高校，可以称之为"明星高校"。该类别中，三个高校的话语传播力、话语影响力及危机应对力得分都较高，且与其他高校表现出断层式的差距。第二类是以华南理工大学、中国海洋大学、南开大学等为代表的具有较强网络舆论引导力的高校。该类型的高校在三个维度的平均得分分别为31.30、67.12、40.28。该类高校话语影响力较强，但需要进一步提升话语传播力与危机应对力。第三类是以中山大学、天津大学、西北大学等为代表的具有较弱网络舆论引导力的高校。该类型的高校话语影响力与危机应对力较弱，平均分处于30左右，需要进一步提升。同时，需要注意的是其话语传播力得分更低，需要重点提升话语传播力。大部分高校都属于这一类别。最后一类是舆论引导力最低的高校类别，以陕西师范大学、重庆大学为代表。该类别的高校话语影响力较高，但是需要进一步提升话语传播力与危机应对力。

6.3.2 BP神经网络模型参数设置

根据评价模型的设置，本节融合BP神经网络算法构建新媒体环境下高校网络舆论引导力评价模型。首先，需要确定输入层和输出层。本书将高校网络舆论引导力的评价指标设置为输入层数据，具体包括发文数、原创率、学术知识传播指数、思政教育传播指数、校园文化传播指数、粉丝数、转发数和传播指数（BCI）等话语传播力指标，平均转发数、最高转发数、平均评论数、最高评论数、平均点赞数、最高点赞数、主题相似度、情感值相似度等话语影响力指标，正面热搜数量、正面热搜热度、正面热搜持续上榜时间、高校回应及时性、回应内容合理性、次生舆情程度、处理认可度等舆论引导力指标。因此，输入层节点为23。输出层为本章6.2.2小节得到的高校网络舆论引导力综合得分，输出层节点为1。本节依然采用70个高校样本数据，对5.5.4小节构建的基于BP神经网络的评价模型进行实证研究。对样本数据进行随机编号，其中，编号1~60的样本数据为训练集，编号61~70的样本数据为测试集。采用离差标准化方法对样本数据进行标准化，将数据映射在 [−1，1] 区间。

1）输入层、隐层、输出层确定

大部分神经网络模型都预先确定了网络层数，而BP神经网络可以根据需求调节网络层数。理论证明[①]在不限制隐层节点数的情况下，一个隐层层级就能够实现任意非线性映射。为了减少内存消耗并提高计算机学习效率，本书设置隐层层级为1，采用三层BP神经网络模型对高校网络舆论引导力进行评价，分别为输入层，隐层和输出层。输入层具有接收并缓存外部输入数据的功能，输入层节点数一般是指输入数据的维度。本书将高校网络舆论引导力的23个评价指标作为输入数据，因此，输入层节点数（神经元）为23。输出层是指高校网络舆论引导力综合评价结果，因此，输出层节点数（神经元）为1。

---

① JEME S，HISSEL D，PÉRA M C，et al.On-board fuel cell power supply modeling on the basis of neural network methodology［J］．Journal of Power Sources，2008，124（2）：479-486.

在实际应用中，BP神经网络模型不可能拥有无限的隐层节点数，需要确定合适的隐层节点数进行模型训练。隐层节点数目确定的问题非常复杂，目前尚未发现科学方法，通常根据前人的经验和试凑法进行确定。研究发现，隐层节点数与输入层节点数和输出层节点数有关系。一般地，如果 n_i 代表输入层节点数，n_o 代表输出层节点数，则隐层节点数 n 的计算有以下三种计算方式可供参考，如公式（6-6）、（6-7）、（6-8）所示。公式（6-6）中的 α 通常为自然常数，同时，也限制为个位数。

$$n = \sqrt{n_i + n_o} + \alpha \tag{6-6}$$

$$n = \log_2 n_i \tag{6-7}$$

$$n = \sqrt{n_i n_o} \tag{6-8}$$

上述公式仅仅是确定隐层节点数的参考算法，本书采用计算公式结合实验试凑法确定隐层节点数。在保证其他参数不变的情况下进行大量的实验，通过误差函数（$test_{error}$）处于最小值来确定隐层节点数，其计算公式如公式（6-9）所示。

$$test_{error} = \frac{\sum \left| y_{test_{predict}} - y_{test} \right|}{n} \tag{6-9}$$

其中：$test_{error}$ 代表测试集中通过神经网络训练出来的预测值与测试集中实际值之间的误差；$y_{test_{predict}}$ 表示测试集中的预测值；y_{test} 表示测试集中的实际值；n 代表测试集中的样本数量。在保持其他参数不变的情况下，将隐层节点数分别设置为5至15，并对每一个模型分别进行50次训练计算，计算 $test_{error}$ 的平均值，如图6-10所示。实验证明不同节点数的计算结果之间的差距较小，当隐层节点数设置为9时，平均误差最小，获得较好拟合模型的概率较大，因此，本书中隐层节点数设置为9。

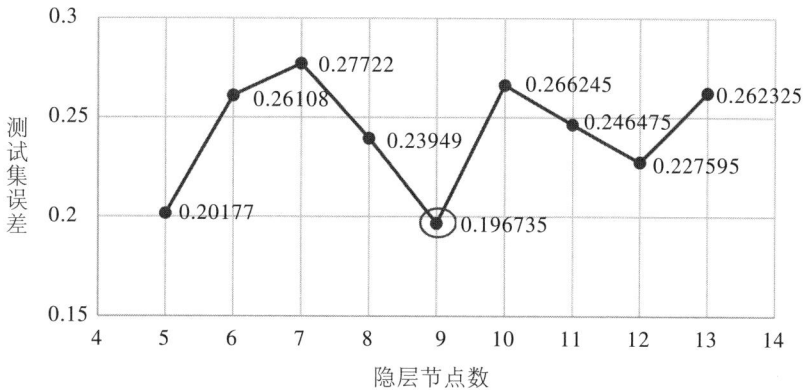

图6-10 测试集误差曲线图

2）数值优化函数设计

BP神经网络模型中包含三种函数，分别为传递函数、学习函数和性能函数。传递函数一般采用S（sigmoid）函数、正切（tansig）函数和线性（purelin）函数。如果BP神经网络的最后一层是S函数，网络输出层的数据必须限制在0至1，而线性函数的网络输出可以取任意值。本书中所有输入数据都进行了归一化处理，符合S函数和正切函数的数据要求，但输出数据为正常数据。因此，在本书中隐层传递函数选择正切函数①，输出层传递函数选择线性函数，采用Polak-Ribiére共轭梯度法②对BP神经网络进行学习和训练，传递函数表达式如公式（6-10）、（6-11）所示。

隐层传递函数（tansig函数）：

$$f(x) = \frac{1 - e^{-x}}{1 + e^{-x}}, \quad (-1, 1) \tag{6-10}$$

输出层传递函数（purelin函数）：

$$f(x) = x \tag{6-11}$$

---

① 雍明远，袁小刚，陈旭. 基于Tansig函数的自适应同址干扰抵消算法 [J]. 通信技术，2009，42（2）：306-308.
② XIONG P，LU T，LIU B.Inversion of the inner wall temperature of the two-dimensional pipe based on conjugate gradient method [J]. International Heat Transfer Conference，2018（16），2 583-2 590.

BP神经网络学习训练的实质是解决非线性目标函数优化问题。本书设置共轭梯度法进行学习和训练，该方法能够改善其他优化方法具有的收敛速度缓慢的问题。共轭梯度法第一次迭代的搜索方向为负梯度方向，即搜索方向 $S(X^{(0)}) = -\nabla f(X^{(0)})$，以后各次迭代的搜索方向由公式（6-12）、（6-13）确定：

$$\begin{cases} S(X^{(k)}) = -\nabla f(X^{(k)}) + \beta^{(k)}S(-\nabla f(X^{(k-1)})) \\ X^{(k)} = X^{(k)} + \eta S(X^{(k)}) \end{cases} \quad (6\text{-}12)$$

其中，$X^{(k)}$ 为网络权重和偏差值组成的向量；$S(X^{(k)})$ 为由 X 的各分量组成的向量空间的搜索方向；$\beta^{(k)}$ 为在 $S(X^{(k)})$ 方向上，使 $f(X^{(k+1)})$ 上达到极小的步长。共轭梯度法形式如公式（6-13）所示，其中，$g_k = \nabla f(X^{(k)})$。通常 $S(X^{(k)})$ 在迭代过程中以一定的周期复位到负梯度方向，周期数 n 通常为网络中权值和偏差的总数。

$$\beta^{(k)} = \frac{\Delta g_{k-1}^{T} g_k}{g_{k-1}^{T} g_k} \quad (6\text{-}13)$$

3）神经元及其模型

本书设置的 BP 神经网络模型中的单个神经元如图 6-11 所示.

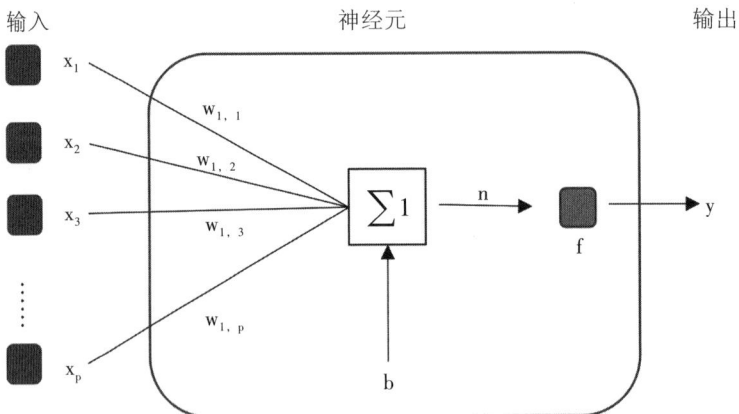

图 6-11 单个神经元示意图

因此，单个神经元的函数公式如公式（6-14）所示。

$$y = f(\sum_{i=1}^{p} x_i w_{1,i} + b) \tag{6-14}$$

其中，y为输出值，f为激活函数，b为偏差。在本书中共有23个输入指标，因此，p=23，x_1到x_p代表23个输入指标的特征值，$w_{1,1}$到$w_{1,p}$代表第一层隐层网络23个输入指标的权重。本书模型中设置了一层隐层网络，权重初始值为随机赋值，损失函数为均方误差（MSE）损失函数。训练神经网络就是通过不断更新神经网络中的权重和偏差，将损失最小化，从而达到算法自学习目的。

6.3.3 基于BP神经网络权重计算与结果讨论

在神经网络初始化参数的基础上，将编号为1~60的训练集数据输入评价模型中进行训练，并用编号为61~70的样本数据对训练后的评价模型进行测试。如图6-12所示，对实际输出值和期待输出值计算平均误差，经过709次训练循环后达到0.0001的平均误差目标。

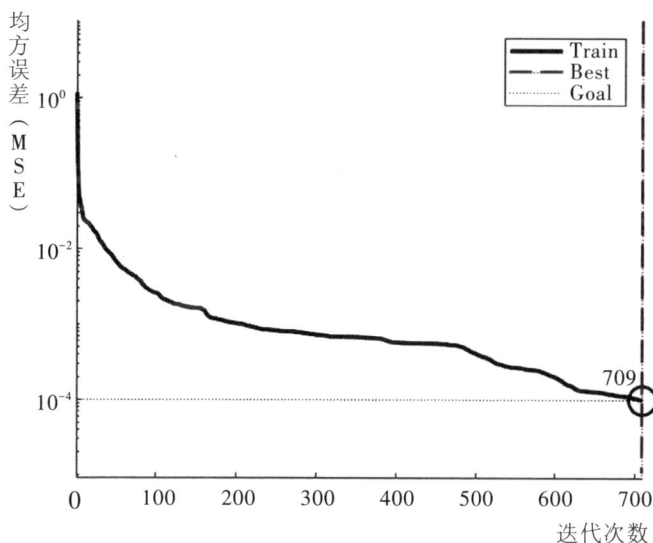

图6-12 MSE变化过程

在训练集中，期待输出值与模型实际输出值之间的关系如图6-13所示。图6-14展示了期待输出值与模型实际输出值的相关性分析。该图显示，本书构建的基于BP神经网络的高校网络舆论引导力评价模型对训练集的评价效果较好，期待输出值与实际输出值之间的相关系数R为0.99967。

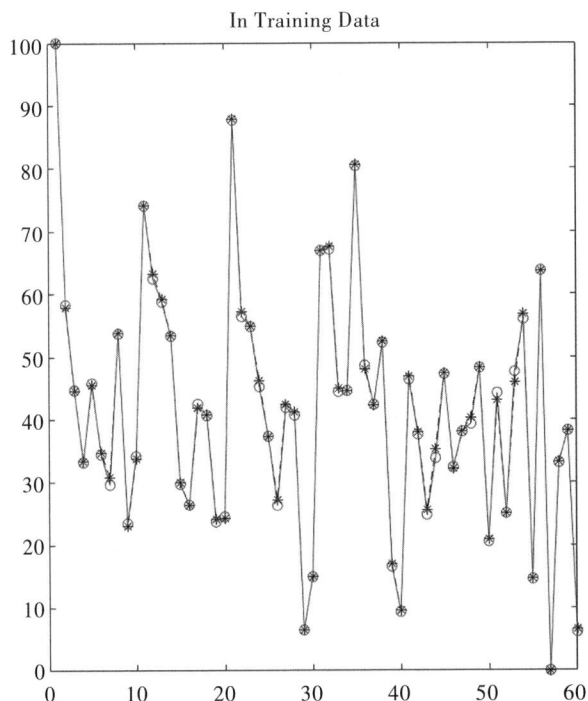

图6-13 训练集中期待输出值与实际输出值的对比情况

（其中，*为实际输出值，o为期望输出值）

基于以上对训练集进行训练得到的高校网络舆论引导力评价模型如图6-15所示。输入层为高校网络舆论引导力的23个评价指标数据。隐层节点个数为9，输入层和隐层之间的权重系数集合为iw_1，模型训练得到的隐层与输出层的权重系数集合为iw_2，见表6-28。

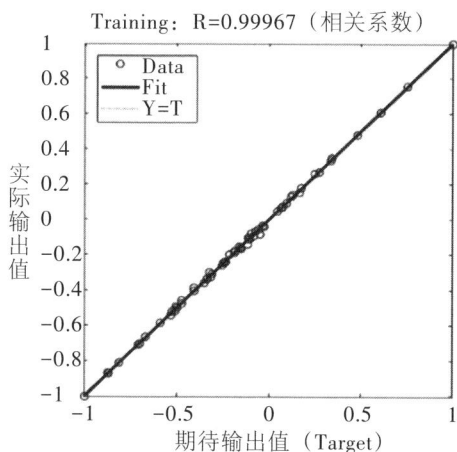

Training：R=0.99967（相关系数）

图6-14　期待输出值与实际输出值之间的相关性分析

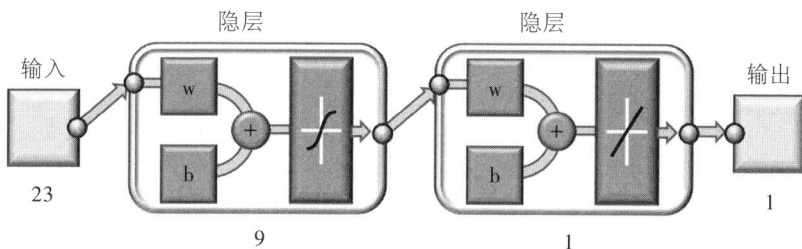

图6-15　高校网络舆论引导力评价神经网络结构图

表6-28　　　　　　　　神经网络各神经元权重系数表

隐层单元		1	2	3	4	5	6	7	8	9
输入层单元（iw₁）	1	0.345	-0.177	0.172	-0.023	0.735	0.620	-0.234	0.151	-0.729
	2	-0.456	-0.057	-1.320	-0.874	-0.801	0.215	0.388	0.471	-0.163
	3	-0.987	-0.100	0.219	-0.034	0.243	-0.214	0.004	-0.426	-0.693
	4	-0.714	-0.007	-0.149	0.304	-0.065	-0.053	-0.216	1.135	1.321
	5	-0.169	0.485	0.151	-0.574	0.494	-2.072	0.915	0.276	-0.564
	6	0.620	0.223	-0.114	-0.255	-0.475	-0.514	0.081	-1.282	-0.340

隐层单元		1	2	3	4	5	6	7	8	9
	7	0.766	0.036	-0.461	-0.365	0.457	0.164	0.483	0.492	0.177
	8	0.609	-0.802	1.021	0.183	-0.612	0.464	-0.492	-0.676	-0.011
	9	-0.737	-0.742	0.315	0.841	-1.028	-0.145	1.698	0.601	-1.144
	10	-0.094	0.119	-0.204	-0.370	-0.470	-0.760	0.766	0.181	-0.492
	11	-0.412	0.713	0.131	-0.184	-0.559	-1.159	0.904	0.636	-0.598
	12	0.352	-0.235	-0.195	-0.723	0.438	-0.387	1.146	-0.718	-0.171
	13	-0.094	0.161	0.009	-0.761	-0.834	-0.419	0.755	0.678	0.635
	14	-0.352	-0.990	0.797	-0.347	-0.114	-1.504	0.583	-0.325	-0.338
输入层单元（iw_1）	15	0.377	-0.143	0.484	-0.770	0.780	0.332	-0.029	-0.506	-0.130
	16	0.335	-0.188	0.035	0.557	0.728	-1.706	0.150	0.170	-0.228
	17	0.533	0.278	1.392	0.227	0.615	-0.564	0.224	0.443	-0.728
	18	-0.261	-0.113	0.996	-0.181	-0.038	0.093	-0.013	0.424	-0.125
	19	0.397	-0.287	0.701	-0.547	0.245	-0.544	-0.666	-0.317	0.337
	20	0.394	-0.586	0.182	0.011	0.076	-0.082	1.027	-0.213	-0.202
	21	0.164	0.464	-0.145	-0.760	-1.159	-0.387	-0.419	-1.504	0.332
	22	0.483	-0.492	1.698	0.766	0.904	1.146	0.755	0.583	-0.029
	23	0.007	0.376	0.207	-1.228	-0.402	0.259	-0.447	1.069	0.519
输出层单元（iw_2）		0.659	-0.701	-0.709	-0.844	0.206	-0.785	-0.349	0.374	-0.102

利用测试集数据对上述训练出来的基于 BP 神经网络的高校网络舆论引导力评价模型的评价效果进行测试。期待输出值与实际输出值的比较如图 6-16 所示，在预测目标取值范围为 [-1，1] 的区间内误差值为 0.0972。

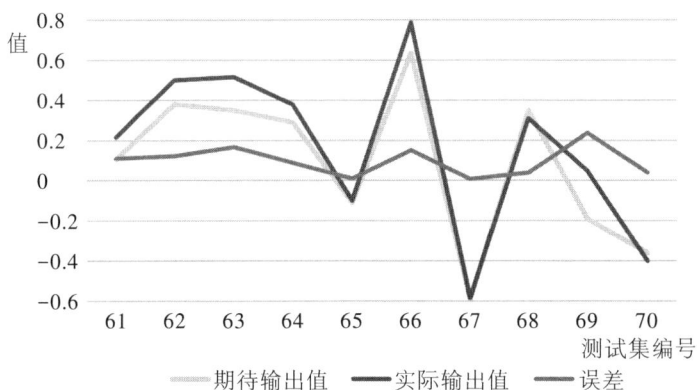

图 6-16　测试集中期待输出值与实际输出值的对比

通过以上计算可以得到以下结果：

（1）本书基于 BP 神经网络算法构建了高校网络舆论引导力评价模型，通过对训练集的训练可以达到预设精度要求，即 MSE 为 0.0001。在测试集中精度有所下降，误差值增加，可能由于训练数据量较小导致。本书选择的模型测试集误差为 0.0972，能够满足对高校网络舆论引导力进行实际评价的精度要求。

（2）本书构建的基于 BP 神经网络的评价模型能够通过训练集样本数据得到各个指标权重。权重与隐层节点相关，是一个 9×23 的矩阵集合。高校应注重全指标建设，通过全面建设提升高校整体舆论引导力。

（3）基于 BP 神经网络算法的高校网络舆论引导力评价模型能够弥补传统评价方法的不足，为新媒体环境下实现大数据处理与自动评价提供思路。首先，基于 BP 神经网络构建的评价模型更加客观，训练集的不断自学习获得的权重能够避免人为赋予指标权重的主观性，同时，减少指标之间的互相干扰。其次，BP 神经网络能够实现从输入层到输出层的任意非线性映射，具有较强的仿真性和实用性。另外，神经网络算法较强的灵活性允许通过不同训练集的训练得到适用不同平台类型的高校网络舆论引导力评价模型，满足不同需求的评价活动。最后，BP 神经网络模型强大的训练能力和学习能力，能够实现大数据的训练和预测，减少人工计算的失误，降低人工成本，提升实际评价效率。新媒体环境下海量数据这一特征使得大数据处理、自动化评价成为趋势，而 BP 神经网络具有的优势能够为未来构建数据自动提取、分析与评价的信息系统提供算法参考。

6.3.4 基于相关分析的评价结果评估

本书通过目前比较成熟的高校评价排名的相关分析来检验本书评价结果的可信度。高校网络舆论引导力是高校实力在网络空间的映射，与高校知名度、高校本身的科研实力及其社会影响力相关，本书借助目前已有的排名，对高校网络舆论引导力得分与高校实力进行相关性分析。共选择 4 种高校排名作为参考，分别为科研影响力排名、学科评估影响力排名、社会影响力排名、综合实力排名，并各有侧重。本书将高校网络舆论引导力单维度得分的加权平均分作为高校网络舆论引导力的综合得分，与上述 4 种排名的高校得分进行相关性分析。

科研影响力、学科评估影响力和社会影响力分数采用的是人民网舆情中心每年发布的高校社会影响力报告中的指标数据[1]。科研影响力得分由生产知识基地指数、学科水平指数、师资水平指数等维度构成。学科评估影响力由入选"双一流"学科评估的数量统计而来。而

---

① 人民网-教育频道.《2018—2019 高校社会影响力排行榜》完整榜单 [EB/OL]. [2019–12–21]. http://edu.people.com.cn/n1/2019/1223/c1053–31519070.html.

社会影响力由媒体影响力、新媒体影响力、网络舆论影响力、科研影响力、校友影响力、入选世界高校排名、学科评估等维度加权归一化求得。高校综合实力排名采用的是"软科中国大学排名"的高校得分。该评价体系设置了师资规模、办学资源、学科水平、办学层次、国际竞争力、重大项目与成果、高端人才、服务社会、科学研究、人才培养十大评价模块，细分30个评价维度，内嵌上百项评价指标，涉及数百个评价变量，能够全面反映中国高校的综合办学水平[①]。

以上榜单得分与本书高校网络舆论引导力评价得分的相关性见表6-29。通过相关性分析发现，高校网络舆论引导力与其自身实力呈强正相关关系，与高校的科研实力、学科实力、社会影响力及综合实力都具有强正相关关系。较高的学术水平、教学水平和师资力量等是高校网络舆论引导力的加成，能够给高校带来较高学术水平，取得较高的关注度，更容易获得较强的网络话语权。进一步分析发现，本书的得分与人民网舆情中心发布的中国高校社会影响力得分相关度最高。该评价同样关注高校的媒体影响力及舆论影响力，这种强正相关关系与指标设置有一定的关系。一方面说明国家和社会越来越关注高校网络传播形成的社会影响力和主流价值观的引导作用，另一方面也在一定程度上佐证了本书提出的高校网络舆论引导力评价模型的可信度和参考价值。

表6-29　高校网络舆论引导力评价结果与其他排行榜数据的相关性

网络舆论引导力	科研影响力	学科评估影响力	社会影响力	综合实力
皮尔逊相关性	0.644**	0.665**	0.695**	0.666**
Sig.（双尾）	0.000	0.000	0.000	0.000
个案数	70	70	70	64

注：**表示在0.01级别（双尾），相关性显著。

① 软科. 权威发布：2020软科中国大学排名［EB/OL］. ［2020-05-15］. https：//baijiahao.baidu.com/s？id=1666726815545257811&wfr=spider&for=pc.

通过高校网络舆论引导力评价维度之间的相关性检验可以测试评价指标之间的内生性，从指标内部结构检验评价指标体系的科学性。本书基于以上实证研究对高校网络舆论引导力评价三维度进行相关性分析，结果见表6-30。结果显示，话语传播力与话语影响力、话语传播力与危机应对力之间存在强相关关系，而话语影响力与危机应对力之间不存在强相关关系。这也从结果验证了话语传播力是基础，对提升话语影响力与危机应对力具有促进作用。而话语影响力与危机应对力适用场域与作用对象不同，评价指标来源与计算方法不同，表明了不同维度的高校网络舆论引导力效果。本节的相关性分析一定程度上验证了第三章与第四章新媒体环境下高校网络舆论引导力评价维度的关系，检验了评价指标体系内部结构的科学性。

表6-30　　　　　　高校网络舆论引导力评价维度相关性分析

评价维度	话语传播力	话语影响力	危机应对力
话语传播力	1.000	0.523^{**}	0.574^{**}
Sig.（双尾）		0.000	0.000
N	70	70	70
话语影响力	0.523^{**}	1.000	0.196
Sig.（双尾）	0.000		0.104
N	70	70	70
危机应对力	0.574^{**}	0.196	1.000
Sig.（双尾）	0.000	0.104	
N	70	70	70

注：**表示在0.01级别（双尾），相关性显著。

6.4　新媒体环境下高校网络舆论引导力提升建议与对策

实证分析结果显示新媒体环境下高校在网络信息传播、网络议题设置、网络舆论引导等方面获得了一定的成效，但还存在一些现实困境，如高校在新媒体舆论场中存在"失语""迟语"的现象，高校网络话语认同度较低。这些现象存在于高校信息传播及网络舆论热点中，严重影响了高校网络舆论引导力的建设与发展。本节基于新媒体环境下高校网络舆论引导力的评价实证，针对新媒体环境下高校网络舆论引导力的困境，对高校网络舆论引导力建设与评价提出对策与建议。

6.4.1　树立大数据思维，完善网络舆论引导力评价体系

新媒体平台的发展产生的交互内容提供了大量分析与参考数据，不断发展的大数据技术也提供了技术支撑。本书以评价学视角切入新媒体环境下高校网络舆论引导力的研究，应用情感挖掘、主题挖掘、神经网络等实现了对高校网络舆论引导力的量化评价，深入到文本内容、情感、行为数据等细粒度评价单元，同时，融合 BP 神经网络算法的评价模型与实证研究为新媒体环境下实现大数据处理提供了思路。因此，在新媒体环境下应该树立大数据思维，不断完善网络舆论引导力评价体系。新媒体环境下的评价体系不应局限于结果评价，可以借助大数据分析技术，实现对网络舆论引导力形成与建设过程的评价，通过评价指标数据助力高校网络舆论引导力建设，如识别话语受众需求、推送信息内容、评估话语效果、预测网络舆情发展态势等。

新媒体技术的发展促进了海量网络数据的生成，不仅推动了大数据技术发展，也催生了基于大数据的价值观与方法论。2015年党的

十八届五中全会首次提出了"国家大数据战略"，提出要打破传统思维方式方法，树立大数据思维①。高校网络舆论引导力建设工作也可以引入新理念，树立大数据思维，推进精准施策。新媒体平台的发展为高校提供了大量分析与参考数据，提供了技术支撑。高校依托大数据理论与方法，可以实现精准识别、精准推送、精准评估与精准预测，提高高校传播力、影响力、引导力与受众的接受认可度，提升高校网络舆论引导力。

利用大数据技术能够推进网络思想动态的精准识别。海量数据是大数据时代的显著特征，但数据量本身并不是重点，通过数据分析提取重要信息才是关键和价值所在。利用先进的数据分析技术从海量数据中提取有价值的信息，整合形成信息拼图，实现个体或者群体的行为习惯、情感倾向、价值观念的精准识别是大数据思维的重要体现。高校可以利用海量化的新媒体舆论数据，通过信息分析把握舆论传播与发展规律，提高数据采集的客观性、动态性和全面性，洞察以青年学生为主体的话语受众的思想动态。基于以上数据优势，高校的网络舆论引导力建设可以根据不同层面的需求构建数据模型，并且深入、全面刻画话语受众舆论倾向、网络行为等"用户画像"，加强对受众心理状态、行为习惯、校园舆论发展方向的研判与预测，同时，也为实现信息内容的精准推送奠定基础。

利用大数据技术可以实现网络信息内容的精准推送。大数据技术对话语受众特征的精准识别为内容推送提供了前提，同时，大数据技术能够实现为特定目标提供个性化信息推送。借助大数据处理技术、自然语言处理技术、情感分析、神经网络算法等技术，高校可以对关注者的行为数据与内容数据，如分享动态、浏览点赞记录、评论、转发内容等，从而洞察以青年学生为主体的话语受众的

---

① 佚名. 寻找通往未来的钥匙 [N]. 人民日报，2013-02-01（023）.

思想状态与情感诉求，然后根据用户需求推送相关的服务信息，强化网络话语效果。

利用大数据技术能够提升网络舆情发展的精准预测。预测是大数据技术的核心，是指通过对某个时间段内的数据进行历时性分析，并结合事件前后关系和发展态势实现精准了解、预测和研判舆情事件的发展趋势。高校借助新媒体平台大量碎片化信息能够实现对网络用户的情感倾向、思想状态的判断，在网络舆论发展过程中选择合适时机发声，引导和干预舆论发展。目前，较多高校宣传部都采取一定方式对网络舆情进行监测，如设置敏感词对学生群体在微博、知乎等社交媒体上的信息进行监测，把握学生群体在重大事件、重大政策、舆论热点、自身思想等方面呈现出的状态，从而及时进行干预与引导。

利用大数据技术可以实现网络话语效果的精准评估。高校网络舆论引导力建设取得了什么样的效果，高校在媒体传播和舆情事件中的舆论引导力是什么样的，受众是否认可、是否接受，现实困境与存在的问题是什么，这些问题的解决都基于对高校网络舆论引导力的科学评价。新媒体平台提供的海量行为数据与文本数据，加上成熟的大数据分析技术有助于破解这些难题，提高评价结果的科学性和精确性。高校可以依据高校网络舆论引导力建设工作的具体目标构建评价指标体系，利用大数据技术计算相关指数，从而为高校网络话语的传播、反馈、效果评价等提供科学量化路径。

6.4.2 紧跟舆论热点，提升网络舆论引导力

由高校网络舆论引导力评价指标体系分析得出，新媒体舆论环境下，公众对高校热点事件具有正面偏好，但负面事件热度更高，高校负面热点事件传播具有"破窗效应"，且热度变化与高校回应相关，

揭示了新媒体环境下网络舆论对高校网络舆论引导力的影响路径。此外，评价实证研究也指出，高校应该紧跟舆论热点，提升网络舆论引导力。数据分析指出，不少高校通过对校园文化的宣传，打造舆论热点，尽量保持一定的网络讨论热度，从而传递出正能量，发挥正面舆论宣传效应，提升高校社会形象与社会影响力。此外，对于负面网络舆论的危机应对也能及时挽回声誉。比如，对于一些负面舆论热点事件，高校及时公开信息，采取有效措施应对，在评论中能够体现出网络舆论对其处理结果和反应速度的认可，如"羡慕某某大学的反应速度""给某某大学这次处理结果点赞""这样处理才是真正为学校形象负责"等舆论。这些高校在负面舆情事件中反应及时、回应内容合理，并且其处理结果也得到社会公众的关注和认可，及时控制住了舆论方向，显示出较高的网络舆论引导力。因此，建议高校紧跟舆论热点，引领正面舆论；同时，面对负面网络舆论，高校应注意把握回应速度，坚持信息公开，注重互动交流，提升危机应对能力。

（1）打造热点，引领正面舆论。根据本书的实证研究，较多高校的正面事件形成了舆论热点，引起广泛关注与讨论。通过对原始数据的分析，大部分高校并非主动成为舆论热点，而是因为学生在社交平台上分享而引起社会关注，逐渐演变为舆论热点，处于被动发声状态。然而高校可以根据学生需求，联合媒体打造舆论热点，发挥正面宣传与舆论引领效应，形成正面舆论强势导向。比如，一些高校每年都会拍樱花照片和纪录片，通过主动宣传的方式打造网络舆论热点。这些正面事件引起了社会公众的关注，无形中传播了主流价值观，提升了高校声誉与知名度，有利于高校吸引高质量生源与高校长远发展。

（2）把握回应速度，抢占话语主动权。新媒体环境下，网络舆情传播速度更快，高校在负面舆情中处于相对被动状态，如果不能主动及时采取系措施，会导致舆情向不可控方向发展。通过对网络舆论引导力的评价数据分析发现，公众对于高校回应速度的要求较高。面对负面舆情，高校需要做到第一时间发布权威信息，抢占网络舆论制高点与主动权，使负面舆论向预期可控方向发展。要想争取网络舆论引导的时机，高校需要具备准确掌握舆情发展情况、收集信息、分析信息、快速发布信息的能力。人民网舆情中心提出了"黄金4小时"，将4小时的时间节点作为新媒体环境下回应舆情事件的关键转折点。高校需要把握好回应最佳时机，公布权威准确信息，防止误导性、扭曲真相的谣言产生，有效控制舆论走向。

（3）坚持信息公开透明，提升话语可信度。信息公开是网络舆情管理的有效方式。保证信息公开透明，让社会公众尽早了解事实真相，安抚公众的非理性情绪，才能把握话语主动权，引导舆论向高校期待和可控的方向发展。高校回应内容需要根据现实情况选择合理的策略，公开信息需要保证完整性与可信性，从而提升高校舆论引导力。在本书实证研究中，通过对原始数据的分析发现，高校的回应如果选择官网、官微等权威发布途径，更具有可信度。结合线下活动，如"校长信箱"、新闻发布会等方式，高校能够提升发布信息的传播范围和广度，以便公众能够及时收到高校的权威信息。另外，高校可以通过交流互动的方式让公众了解到高校对公众意见和建议的采纳情况，营造情感沟通的氛围。

6.4.3 重视受众接受度，突出高校隐性教育效果

根据数据统计，高校推文中校园文化相关内容占比大于思政教育与科学文化知识内容，且科学知识与思政教育相关内容的传播指数较低。说明目前高校借助新媒体平台实施思政教育、科技传播等社会服务效果不佳，相对于活泼、娱乐性较强的校园文化内容及互动，受众

对于高校思政教育及学术知识的传播积极性不高，接受度也不高。因此，建议高校重视受众的接受度，采用"多元对话""嵌入式"渗透等方式实现高校传播科学文化知识、思政教育的目的。

舆论引导力的体现以话语受众接受认同为标志，高校网络舆论引导力建设要通过网络实践活动让受众最大限度地接受并认同高校发布的信息。受众接受什么样的信息取决于网络用户的心理需求和价值判断。新媒体平台具有突出的去中心化、开放性等特点，以青年学生为主体的话语受众对舆论信息的选择显示出不可控的趋势。因此，建议高校在网络舆论引导力建设中突出隐性教育的功能，以柔性方式进行舆论引导。高校需要改变信息传播与舆论引导的方式，实现从"一元独白"到"多元对话"的转变，实现从"高势位"灌输到"嵌入式"渗透的转变。

（1）高校需要改变独白式的信息传播与灌输式教育，转而形成多元对话的信息传播与舆论引导的新教育方式。高校要想获得话语受众的认同，必须将广大学生用户的利益放在首位。只有关心学生群体、围绕学生群体、服务学生群体，高校才能达到目标。在新媒体平台上，对话的主客体处于平等地位，呈现交互关系。高校进行信息传播与舆论引导的本质是以"信任"为核心的网络人际互动，高校不能处于独白位置，需要真正以学生利益为出发点进行多元对话。而新媒体具有的发布、转发、评论、点赞等"多元互动"交流与对话的功能为高校提供了渠道，高校可以采用对话、交流、讨论等方式对受众的思想观念和价值判断进行柔性引导。

（2）高校对受众价值观的引导和思想政治教育需要从"高势位"灌输式教育转变为"嵌入式"教育模式。高校在网络空间的舆论引导力是主流价值观舆论引导力的体现，是文化领导权的重要组成部分。舆论涉及思想观念和价值观念，不仅在理论灌输中强化，更多的是在长期潜移默化中形成和塑造。建议高校变革意识形态教育方式，将包含主流意识形态的信息嵌入青年学生的生活学习空间、社交网络载体和知识理论体系中，消除灌输式教育带给受众群体的压迫感及其抵触情绪，实现主流意识形态在青年学生群体中的嵌入式表达，从而达到润物无声的教育效果。

6.5　本章小结

根据高校网络舆论引导力评价模型的设计，本章选择部分样本数据对高校网络舆论引导力进行了评价，并提出了未来发展策略。主要研究内容与结论如下：

首先，结合主成分与因子分析方法对高校网络舆论引导力进行了单维度评价。高校话语传播内容是实现传播能力的基础，高校话语传播力以话语传播广度与传播深度为重要体现。主题情感影响与行为影响得分之间具有明显差异，主题与情感指标为高校话语影响力评价提供了更细粒度的参考单元。高校在微博平台的话语影响力得分整体较低，差距较大，大部分高校不足以成为意见领袖。微博平台中高校的正面事件与负面事件的比例约为3：2，但负面事件具有更高的热度、排名与更长的持续时间，造成的舆论影响更大。高校正面舆论引导因子得分与负面舆论引导因子得分整体差距较大。

其次，基于聚类分析对高校网络舆论引导力进行了综合评价。对高校网络舆论引导力的23个指标进行聚类分析后将结果映射到话语传播力、话语影响力和危机应对力的三维空间，结果显示高校分为4种类型，各类别之间具有显著差异。高校网络舆论引导力与其自身实力呈现强相关关系，主要包括高校的科研影响力、学科评估影响力、社会影响力和综合实力。评价结果与人民网舆情中心发布的中国高校社会影响力排行榜高度相关,一方面说明国家和社会越来越关注高校的社会影响力和主流价值观的引导作用,另一方面也佐证了本书提出的评价模型的可信度与参考价值。而话语传播力、话语影响力与危机应对力三维度之间的相关分析也说明了评价维度之间的内生性不强,验证了评价指标体系内部结构的合理性。

再次,基于BP神经网络对高校网络舆论引导力指标权重进行计算,构建了预测模型。基于BP神经网络构建的评价模型测试集误差为0.0972,能够满足实际应用的评价要求。BP神经网络能够实现从输入层到输出层的任意非线性映射,获得指标权重矩阵,从而构建预测模型。此外,基于BP神经网络的高校网络舆论引导力评价模型具有效率高、客观性、实用性、灵活性、自学习、大数据处理、预测等优点,能够弥补传统评价方法的不足,为新媒体时代利用大数据技术实现数据自动处理与评价提供了参考。

最后,提出了高校网络话语权建设的发展策略。通过数据分析发现目前高校在新媒体舆论场中存在"失语""迟语"现象,且话语受众认同度较低。新媒体环境下,高校需要进一步提升网络话语权。树立大数据思维,通过评价指标数据助力高校网络话语权建设,如识别话语受众需求、推送信息内容、评估话语效果、预测网络舆情发展态势等。高校一方面要尝试主动打造热点,引领正面舆论,另一方面在负面舆情事件中也要把握回应速度,坚持信息公开透明,重视对话交流,抢占话语主动权,提升引导负面舆论正向发展的能力。此外,高校也应该坚持新媒体环境下其社会服务职能的实现,提升科学知识传播、思政教育传播及校园文化传播,提升隐性教育效果。

7

研究结论与展望

7.1 研究结论

党和国家高度重视网络传播活动和网络舆论工作，提出要牢牢把握意识形态话语权，巩固网络舆论阵地，网络话语权建设成为国家战略需求和国家政策导向。高校肩负着立德树人的重要使命，高校网络舆论引导力成为新时代践行高校职能的必备条件，同时也是面向中国高等教育全面提升国家宏观战略及维护国家意识形态安全的时代需求。新媒体环境下信息传播模式及网络舆论生态发生了巨大变化，高校网络舆论引导力建设面临新机遇与新挑战。新媒体技术的发展拓展了高校对外宣传与交流互动的渠道。网络舆情事件的频发凸显了高校舆论引导的重要性和艰巨性。高校在网络空间的舆论引导力建设受到教育主管部门、高校管理者、师生及校友等公众的高度重视，但现阶段对高校网络舆论引导力形成机理、评价理论与方法的研究仍存不足。

本研究聚焦于高校网络舆论引导力评价理论与方法的构建，围绕四个主要问题展开。首先揭示了新媒体环境下高校网络舆论引导力的内涵、形成机制及要素。其次基于形成过程与新媒体环境的影响提出了高校网络舆论引导力评价指标体系。再次基于评价指标体系构建了新媒体环境下高校网络舆论引导力评价模型，包括评价指标的量化方法、评价方法的设计。最后在评价模型的基础上选择高校样本进行实证分析，并提出建议。通过以上研究，得到的结论主要如下：

（1）揭示了新媒体环境下高校网络舆论引导力的形成机制及评价要素。高校网络舆论引导力是以话语受众接受认同为核心目标的舆论引导力和舆论引导力的总和。面向新媒体舆论环境的高校网络舆论引导力展现出了话语议题纷繁复杂、话语受众平等多元、话语表达生动形象、话语传播路径多样等特点。新媒体环境对高校话语内容、话语载体、话语受众和话语效果等高校网络舆论引导力核心要素显示出显著的双面效应。高校网络舆论引导力的生成路径经历了话语准备、话语实践、认同反馈三个阶段。舆论引导力只有在话语要素之间实现有效转化时才能形成，解构为话语传播力、话语影响力与危机应对力。新媒体环境下高校网络舆论引导力由能力赋权，并为高校网络舆论引导力评价提供标准与维度。

（2）新媒体环境下高校信息传播特征、高校网络舆论热点特征、话语受众影响路径及作用机制揭示了新媒体环境对高校网络舆论引导力评价的特殊性。高校通过新媒体平台进行话语转换，话语受众的关注、点赞、评论、转发等行为不仅体现了受众的接受认同程度，而且提高了信息传播的深度和广度，并作用于高校的下一个信息传播过程，增强了高校网络舆论引导力。新媒体环境下公众对高校热点事件具有正面偏好，但负面事件热度更高。高校负面热点事件传播具有"破窗效应"，且热度变化与高校回应相关。新媒体环境下高校网络舆论热点中用户参与行为表现出评论对象扩大化、评论内容主观臆断性、负面情绪群体感染性及言论认同时间聚集性等特点。新媒体环境下受众行为的群体特征会作用于高校网络舆论引导力，包括从众效应作用机制、情绪感染效应作用机制、群体极化效应作用机制。新媒体环境下高校网络舆论引导力评价需要将高校与话语受众之间的相互作用纳入评价考量，尤其要注重话语受众通过网络舆论对高校的主动作用机制。新媒体环境下高校网络舆论引导力评价组成要素需要进一步挖掘话语受众行为与输出内容，尤其是受众在主题、情感与行为上的接受与认同度。

（3）提出了评价维度及评价指标解析路径，确立了新媒体环境下高校网络舆论引导力评价指标体系。其中话语传播力包括传播内容与传播能力两个二级指标，传播内容包括内容数量与内容质量等指标，传播能力包括传播广度与传播深度等指标。话语影响力分为主题影响、情感影响与行为影响等指标。危机应对力包括正面舆论热点生产力和负面舆论危机应对能力两个二级指标。从"时"和"效"两个方面对高校正面舆论热点生产力进行评价，包括持续时间、数量、热度、排名等指标。从"时、度、效"三个方面对高校危机应对能力进行评价，包括回应及时性、回应内容的合理性、次生舆情程度和公众对高校处理及回应的认可度等指标。最后结合文献调研确定了高校网络舆论引导力评价指标体系，包括3个维度20个具体指标。

（4）构建了新媒体环境下高校网络舆论引导力评价模型。首先确定了新媒体环境下高校网络舆论引导力评价目标与原则。随后借助情感分析、语义分析等方法设计了评价指标的量化方法，情感影响指标采用情感分析方法与余弦相似度方法进行计算，结合word2vec词向量处理方法及余弦相似度算法获取了主题影响指标。负面舆论危机应对能力评价指标由专家根据负面热点事件中高校回应及反馈效果评分获得。正面舆论热点生产力指标从微博热搜数据中通过分析正面舆论萃取。最后设计了多方法融合的评价方法。高校网络舆论引导力评价指标特征分析采用描述性统计分析与相关分析等方法，在深刻理解测度指标内部、外部间关系的强弱及相互影响的基础上促进对高校网络舆论引导力形成过程与运作机制的认知。采用主成分与因子分析相结合的方法对高校网络舆论引导力各维度指标进行降维，解决了信息重叠等内生性问题。在对高校网络舆论引导力进行综合评价时采用层次聚类法将高校划分为不同类别，并将结果映射到三维度的网络空间，实现了对不同类别特征的分析。基于BP神经网络计算评价指标的权重矩阵实现预测评价，为大数据处理与预测提供了思路参考。

（5）以微博平台为数据来源选取样本高校进行了实证分析，并提出未来发展策略。高校话语传播内容是实现传播能力的基础，高校话语传播力以话语传播广度与传播深度为重要体现。主题与情感指标为高校话语影响力评价提供了更细粒度的参考单元。负面舆情事件较之于正面宣传热度、持续时间与热搜排名更高，高校正面舆论引导因子得分与负面舆论引导因子得分整体差距较大。高校网络舆论引导力的23个指标的聚类分析结果显示高校分为4种类型，各类型之间具有显著差异。综合评价结果与人民网舆情中心发布的中国高校社会影响力排行榜相关度极高，一定程度上佐证了评价模型的可靠性。评价维度之间的相关性分析也验证了评价指标体系内部结构的合理性。基于BP神经网络构建的评价模型测试集误差小于1%，能够实现从输入层到输出层的任意非线性映射，具有效率高、客观性、实用性、灵活性、自学习、大数据处理、预测等优点，为新媒体时代利用大数据技术实现数据自动处理与评价提供了参考。实证分析结论指出，新媒体环境下高校需要转变网络舆论引导力建设模式，提升高校在新媒体传播及网络舆论热点中的正向引导效应。

7.2 研究局限与展望

新媒体环境下高校网络舆论引导力形成机理及评价研究是网络舆论引导力研究的深化和具体化，集成了传播学、心理学、新闻管理学、评价学等多学科理论与方法，是跨学科研究视野的拓展。本书的研究结果表明评价学科为高校网络舆论引导力研究提供了新的学科视角，丰富了网络舆论引导力理论体系，但限于个人能力、知识结构、研究时间、研究样本等各种因素，当前研究仍存在不足，值得进一步深化。

1）进一步丰富和细化高校网络舆论引导力评价指标

当前本书对情感影响指标的解析路径设计只考虑了情感极性，今后的研究中需要进一步考虑情感强度的影响。此外本书在设计高校网络舆论引导力评价指标体系时主要通过广泛的文献调研进行初步构建，该方法对文献调研的广度和深度有极高要求，且随着各项研究的深入指标需要不断动态更新。当前选择的指标体系是基于现阶段学术界对高校在新媒体环境下的网络舆论引导力的认识建立的初步体系，部分指标仍然需要进一步补充细化。今后的研究中可以通过扩大文献调研范围，结合专家咨询法、问卷调查法等多种渠道进一步完善和细化高校网络舆论引导力的评价指标，也应该按照新媒体平台的类型和场景进一步改进和完善。

2）进一步扩大和完善高校网络舆论引导力评价实证样本数据

新媒体环境的最主要特征之一就是海量数据。本书仅选择了一种代表性新媒体平台，基于小样本数据进行的实证研究初步证明了评价模型的可靠性和指标数据的可测性，但数据源的种类限制及部分指标数据很难通过第三方获取导致评价方法的大数据处理适应性有待进一步验证。今后研究中可以尝试与相关高校、新媒体平台合作，获取不同新媒体平台、更多更完整的评价指标数据进行实证研究。此外，新媒体环境的动态性赋予高校网络舆论引导力评价结果强烈的时效性。本书样本数据收集期间经历全球疫情，实证分析结论是疫情影响下的特殊时刻表现出的阶段性特征，后期可以长期追踪评价高校网络舆论引导力建设，获得更全面完善的评价结果。

3）构建实现数据自动采集、分析、判断与预测的评价系统

数据自动采集、处理、分析使新媒体海量数据时代网络舆论测评成为未来趋势。新媒体环境下高校网络舆论引导力评价是这一趋势的具体应用场景之一。本书在指标体系构建过程中尽量采用客观性数据

以适应大数据时代的评价工作，但基于当前技术发展水平和舆论引导力评价中强烈的情感类测评需求，目前部分数据只能依靠专家主观评分的方法获取，具有一定程度的主观性。未来研究中可以依靠数据自动采集、文本挖掘构建专门的高校网络舆情特征数据库，应用海量数据训练更加高效准确的评价算法，实现对高校回应效果的自动判断，实现全样指标自动化、定量化评价。本书通过BP神经网络计算评价指标的权重矩阵构建预测模型正是这一研究思路的尝试性研究，但由于数据量有限评价模型的准确性、复现性和鲁棒性尚待提高。另外针对不同类型的新媒体平台还需要不同的数据进行训练以得到更具针对性、灵活性的评价模型。

参考文献

中文文献

[1]　托夫勒. 权力的转移［M］. 北京：中共中央党校出版社，1992.

[2]　葛兰西. 狱中札记［M］. 曹雷雨，姜丽，张跃，译. 北京：中国社会科学出版社，2000.

[3]　安璐，胡俊阳，李纲. 基于主题一致性和情感支持的评论意见领袖识别方法研究［J］. 管理科学，2019，32（1）：3-13.

[4]　敖永春. 新媒体视域下政府话语权构建面临的困境及破解［J］. 西南民族大学学报（人文社科版），2019，40（5）：203-207.

[5]　毕琳. 高校官方微博运营与维护实证研究——以北京4所高校官方微博为例［J］. 中国青年社会科学，2016，35（6）：77-82.

[6]　布尔迪厄，华康德. 实践与反思：反思社会学导引［M］. 李猛，李康，译. 北京：中央编译出版社，1998.

[7]　曾子明，万品玉. 融合演化特征的公共安全事件微博情感分析［J］. 情报科学，2018，36（12）：3-8；51.

[8]　陈婧，陈全义. 高校新媒体如何提高传播力和影响力——以华南师范大学"晚安华师"为例［J］. 传媒，2019（12）：67-68.

[9]　陈力丹，林羽丰. 再论舆论的三种存在形态［J］. 社会科学战线，2015

（11）：174-179.

[10]　陈力丹. 舆论学——舆论导向研究［M］. 上海：上海交通大学出版社，2012：11.

[11]　陈龙. 高校舆情强度评测指标体系的构建与应用［J］. 现代情报，2014，34（9）：65-70；74.

[12]　陈千，向阳，郭鑫，等. 基于粗糙集的 K 均值聚类算法在案例检索中的应用［J］. 计算机科学，2010，37（12）：161-164.

[13]　陈万柏，张耀灿. 思想政治教育学原理［M］. 北京：高等教育出版社，2001.

[14]　陈玉琨. 教育评价学［M］. 北京：人民教育出版社，1999：45-46.

[15]　初小燕. 新媒体时代"内容为王"的传承与发展［J］. 中国报业，2016（19）：60-61.

[16]　戴骋，杨宇琦. 继承、放大与分化：新媒体时代话语权再分配的内在机理［J］. 湖北社会科学，2021（5）：34-42.

[17]　邓尚民，董亚倩. 基于 AHP 的高校网络舆情安全评估指标体系构建研究［J］. 情报杂志，2012，31（8）：31-36.

[18]　狄亚飞，侯雪林，应峻. 高校图书馆微信信息服务的评价指标体系研究——以复旦大学图书馆微信信息服务为例［J］. 图书馆学研究，2017（4）：79-84.

[19]　丁科. 网络思想政治教育话语权的生成研究［J］. 电子科技大学学报（社科版），2017，19（2）：52-56.

[20]　丁梦琪. 传播学 5W 理论视角下新媒体传播特点研究［J］. 今传媒，2015，23（3）：32-34.

[21]　杜尚泽. 习近平在党的新闻舆论工作座谈会上强调：坚持正确方向创新方法手段 提高新闻舆论传播引导力［J］. 世纪行，2016（2）：2-3.

[22]　杜杨沁，霍有光，锁志海. 基于复杂网络模块化的微博社会网络结构分析——以"上海发布"政务微博为例［J］. 图书情报知识，2013（3）：81-89；121.

［23］ 凡欣，聂智. 自媒体舆论场下我国主流意识形态的话语权控制研究［J］. 学术论坛，2015，38（7）：139-142.

［24］ 方兴东. 世界互联网大会开启新历史征程［N］. 环球时报，2020-11-23（15）.

［25］ 方雪琴. 新媒体背景下政府危机传播的新策略［J］. 中州学刊，2009（5）：254-258.

［26］ 房树芬，余海峰. 高校官方微博影响力建设路径初探［J］. 新闻记者，2013，（10）：59-63.

［27］ 费尔克拉夫. 话语与社会变迁［M］. 殷晓蓉，译. 北京：华夏出版社，2003：3.

［28］ 冯宏良. 舆论场变迁中的舆论引导问题探论［J］. 理论导刊，2014（4）：20-23.

［29］ 付卓婧，孙磊. 互联网空间下高校学生话语权法律保障与舆论引导平衡研究［J］. 中国电化教育，2015，（4）：54-60.

［30］ 傅昕源. 网络大V的话语权及其形成模式［J］. 青年学报，2017（1）：19-24.

［31］ 郭继文. 从话语权视角谈和谐世界［J］. 前沿，2009（10）：30-32.

［32］ 郭庆光. 传播学教程［M］. 北京：中国人民大学出版社，2011：178-179.

［33］ 郭长义. 高校宣传思想工作话语体系的构建与传播［J］. 辽宁大学学报（哲学社会科学版），2017，45（3）：170-178.

［34］ 拉斯韦尔. 社会传播的结构与功能［M］. 何道宽，等. 北京：中国传媒大学出版社，2013.

［35］ 郝晓玲，杜沁怡，黄海量. 企业家微博影响力的综合评价研究［J］. 情报科学，2015，33（3）：95-101.

［36］ 何碧如，何坚茹，孙福顺. 新媒体时代下高校网络舆情干预机制研究［J］. 中国成人教育，2012，（5）：42-44.

［37］ 洪波. 思想政治教育话语范式转换研究［M］. 杭州：浙江大学出版社，

2012：34.

[38] 候玉林. 基于文本意见挖掘的快递服务质量评价研究 [D]. 北京：北京
交通大学，2019.

[39] 胡海涵. 网络信息传播的互动机制分析 [J]. 新闻爱好者，2015（9）：
60-62.

[40] 胡亚谦. 大数据预测能力对公共决策的影响 [J]. 东北大学学报（社会
科学版），2016，18（3）：281-287.

[41] 胡正荣，段鹏，张磊. 传播学总论 [M]. 2版. 北京：清华大学出版社，
2008.

[42] 皇甫闪. 媒体融合场域下主流意识形态话语权的提升策略 [J]. 出版广
角，2020（24）：63-65.

[43] 黄宝玲. 权利与权力视域中的网络话语权 [J]. 行政论坛，2015，
22（6）：14-18.

[44] 黄冬霞，吴满意. 网络意识形态话语权的生成根源 [J]. 广西社会科学，
2018（12）：25-29.

[45] 黄微，徐烨，朱镇远. 多媒体网络舆情信息传播要素细分及属性分析
[J]. 图书情报工作，2019，63（20）：34-42.

[46] 黄星，刘樑. 突发事件网络舆情风险评价方法及应用 [J]. 情报科学，
2018，36（4）：3-9.

[47] 贾隆嘉，张邦佐. 高校网络舆情安全中主题分类方法研究——以新浪微
博数据为例 [J]. 数据分析与知识发现，2018，2（7）：55-62.

[48] 江燕青，许鑫. 半衰期视角的微博信息老化研究——以高校官方微博为
例 [J]. 图书情报知识，2016（2）：92-100.

[49] 金盛华. 社会心理学 [M]. 北京：高等教育出版社，2010：351.

[50] 桑坦斯. 网络共和国：网络社会中的民主问题 [M]. 黄维明，译. 上海：
上海人民出版社，2003：23-56.

[51] 孔晓虹. 新媒体环境下高校应对网络舆情的探索 [J]. 中国高等教育，
2020，（C1）：67-68.

[52] 李从军. 牢牢掌握舆论工作主动权 [N]. 人民日报, 2013-09-04（16）.

[53] 李洪雄. 加大引导力度 促进高校网络舆情健康发展 [J]. 中国高等教育, 2016,（22）: 57-59.

[54] 李江静, 徐洪业. 互联网舆论场演化机理视角下的主流意识形态建设 [J]. 江海学刊, 2017（5）: 64-70.

[55] 李江静, 徐洪业. 准确把握互联网意识形态话语权争夺的新形势 [J]. 红旗文稿, 2015（22）: 10-12; 1.

[56] 李江静. 新形势下建构马克思主义意识形态话语权的着力点 [J]. 马克思主义研究, 2017（1）: 94-101.

[57] 李杰修. 微博的定义与特征分析 [J]. 企业文化: 中, 2012（9）: 133-133.

[58] 李明德, 杨琳, 李沙, 等. 新媒体时代公众舆论理性表达的影响因素、社会价值和实现路径分析 [J]. 情报杂志, 2017, 36（9）: 146-152.

[59] 李启月, 杨晓枭, 黄兴, 等. 基于系统安全降维理论的网络舆情危机预警方法研究 [J]. 情报杂志, 2021, 40（9）: 88-94.

[60] 李文杰, 化存才, 何伟全, 等. 网络舆情信息的综合评价指标体系构建与模糊评判模型 [J]. 情报科学, 2015, 33（9）: 93-99.

[61] 李永智. 新媒介环境下高校舆论工作的突破与创新——以议程设置理论为视角 [J]. 学校党建与思想教育, 2017（7）: 79-81.

[62] 李宇啸. 基于网络分析法的高校微信公众号传播影响力评价研究 [D]. 合肥: 合肥工业大学, 2018.

[63] 李占乐. 新媒体环境下公众制约政府公共决策何以可能——基于权力转移的视角 [J]. 领导科学, 2021（2）: 99-102.

[64] 李政, 高有祥. 互联网思维影响下主流媒体话语权的建构 [J]. 青年记者, 2016（14）: 41-42.

[65] 李中梅. 新媒体环境下智库信息传播机理及效果评价研究 [D]. 长春: 吉林大学, 2018.

[66] 李宗富, 张向先. 政务微信公众号服务质量评价指标体系构建及实证研

究［J］. 图书情报工作，2016，60（18）：79-88.

［67］　梁小建. 媒介融合中提升主流媒体舆论引导能力的思考［J］. 中国出版，
2011（16）：9-13.

［68］　林晶，王世强. 高校官方微博影响力评价及对策研究［J］. 情报科学，
2019，37（4）：122-124.

［69］　林聚任. 社会网络分析：理论、方法与应用［M］. 北京：北京师范大学
出版社，2009：1-5.

［70］　凌晨，冯俊文，吴鹏，等. 基于SOAR模型的高校网络舆情应急响应研
究［J］. 情报科学，2019，37（9）：145-152.

［71］　凌晨. 流程管理视角下高校热点网络舆情管理绩效评价研究［J］. 西南
民族大学学报（人文社科版），2017，38（7）：232-236.

［72］　刘安祺. 主流媒体提升舆论引导能力的策略——以人民日报官方微博与
微信公众号为例［J］. 新闻战线，2017（14）：24-25.

［73］　刘红波，高新珉. 负面舆情、政府回应与话语权重构——基于1711个社
交媒体案例的分析［J］. 中国行政管理，2021（5）：130-137.

［74］　刘洪涛，陈慧，方辰，等. 微博意见领袖对微博信息传播的影响研究
［J］. 情报科学，2015，33（12）：51-55.

［75］　刘继，李磊. 基于微博用户转发行为的舆情信息传播模式分析［J］. 情
报杂志，2013，32（7）：74-77；63.

［76］　刘九洲，付金华. 以媒体为支点的三个舆论场整合探讨［J］. 新闻界，
2007（1）：36-37.

［77］　刘宁，黄蜆. 网络空间话语失序的治理——以网络直播的失范行为及话
语秩序的重塑为例［J］. 领导科学，2019（8）：51-54.

［78］　刘奇葆. 加快推动传统媒体和新兴媒体融合发展［N］. 人民日报，
2014-04-23（6）.

［79］　刘愫曼. 实现网络话语权效果的"三大难"［J］. 新闻天地（下半月刊），
2011（5）：233.

［80］　刘肖，董子铭. 舆论引导力的学理解读［J］. 当代传播，2012（3）：

36-38.

[81] 刘鑫. 媒介生态学视野下的微博"去中心化"研究 [J]. 新闻研究导刊, 2017, 8 (6): 56.

[82] 刘洋. 当代中西文化交流中的意识形态问题 [M]. 北京: 社会科学文献出版社, 2014: 151.

[83] 柳向东, 曹雨婷, 李利梅. 网络影响力预知模型: 一种大数据下高校舆情监测与预警机制 [J]. 深圳大学学报 (人文社会科学版), 2015, 32 (4): 156-160.

[84] 龙玥, 刘译阳. 新媒体环境下高校负面网络舆情传播特征和路径研究 [J]. 情报科学, 2019, 37 (12): 134-139.

[85] 栾盛磊. 新媒体环境下的高校网络舆情研究——以微博为例 [J]. 中国成人教育, 2013, (24): 126-128.

[86] 罗丽琳. SNS背景下高校BBS战略转型与对策研究——以"西政人论坛"和"人人网"为例 [J]. 理论导刊, 2014, (2): 88-91.

[87] 吕小柏. 绩效评价与管理 [M]. 北京: 科学出版社, 2013: 34-35.

[88] 马连. 从"央视快评"看主流媒体的舆论引导创新 [J]. 中国广播电视学刊, 2021 (1): 106-108.

[89] 马庆, 杨欣晨. 重大灾难事故中新闻应急处置的价值理念与实践策略 [J]. 湖北社会科学, 2019 (5): 184-188.

[90] 马维野. 评价论 [J]. 科学学研究, 1996 (3): 5-8; 80.

[91] 马哲伟. 高校科研评估 [M]. 大连: 东北财经大学出版社, 2007: 37-39.

[92] 毛宇锋. 新媒体背景下高校突发事件网络舆情传播模式及应对 [J]. 江苏高教, 2020, (6): 67-70.

[93] 梅月平, 李久戈. 提升高校主流思想舆论传播力探究——基于高校新媒体矩阵建设的视角 [J]. 思想理论教育, 2017 (3): 83-87.

[94] 孟于群. 国际法话语权的生成逻辑与中国构建 [J]. 南京社会科学, 2021 (2): 101-107.

［95］ 南振中. 记者的战略眼光［M］. 北京：新华出版社，2000：182.

［96］ 史蒂文森. 认识媒介文化：社会理论与大众传播［M］. 王文斌，译. 北京：商务印书馆，2013：194.

［97］ 聂辉，吕吉. 高校大学生突发性舆情事件应对机制与策略研究——基于沉默螺旋理论的分析［J］. 江苏高教，2021（2）：49-53.

［98］ 聂晶磊. 论微博信息传播模式［J］. 中国出版，2013（18）：36-40.

［99］ 聂智，邓验. 自媒体领域主流意识形态话语权的构成要素及衡量维度［J］. 湖南师范大学社会科学学报，2016，45（5）：69-74.

［100］ 彭兰. "新媒体"概念界定的三条线索［J］. 新闻与传播研究，2016，23（3）：120-125.

［101］ 彭正文，陈文心. 论知识与权力的社会交换［J］. 湖南科技学院学报，2007（5）：39-42.

［102］ 蒲清平，范海群，王超. 高校意识形态建设的校园舆论引导机制及其实践路径［J］. 思想理论教育导刊，2017，4（6）：140-142.

［103］ 漆亚林，王俞丰. 移动传播场域的话语冲突与秩序重构［J］. 中州学刊，2019（2）：160-166.

［104］ 齐亚宁. 新媒体环境下主流媒体舆论引导面临的挑战与对策［J］. 新闻知识，2013（9）：28-29，68.

［105］ 乔纳森，邱泽奇. 社会学理论的结构［M］. 北京：华夏出版社，2001：34.

［106］ 邱均平，宋博，王传毅. 高等教育质量发展指数的国内外比较研究［J］. 教育与经济，2019（4）：45-51.

［107］ 邱均平，文庭孝. 评价学：理论·方法·实践［M］. 北京：科学出版社，2010：131-135.

［108］ 邱伟光. 思想政治教育原理［M］. 北京：高等教育出版社，1999：4.

［109］ 全国13所高等院校编写组. 社会心理学［M］. 天津：南开大学出版社，2000：290-390.

［110］ 人民网舆情监测室. 如何应对网络舆情？——网络舆情分析师手册

[M]. 北京：新华出版社，2011：19-20.

[111] 任景华. 关于突发事件应对中新媒体舆论引导的思考[J]. 湖北社会科学，2012（9）：181-183.

[112] 邵全红，王灿发. 试析战略机遇期我国媒体舆论场竞合与博弈[J]. 新闻爱好者，2018（7）：16-19.

[113] 沈霞，徐铭. 解析官方微博的文化传播作用——以高校官微为例[J]. 新闻战线，2016，（18）：139-140.

[114] 沈正赋. 新媒体时代新闻舆论传播力、引导力、影响力和公信力的重构[J]. 现代传播（中国传媒大学学报），2016，38（5）：1-7.

[115] 施拉姆，波特. 传播学概论[M]. 陈亮等译. 北京：新华出版社，1984.

[116] 史册，刘国强. 新媒体舆论场风险诱发的机理透视[J]. 中国广播电视学刊，2016（7）：44-47.

[117] 司有和. 信息传播学[M]. 重庆：重庆大学出版社，2007.

[118] 苏一凡. 高校网络舆论引导力研究[J]. 新闻知识，2011，4（7）：40-43.

[119] 田卉，柯惠新. 网络环境下的舆论形成模式及调控分析[J]. 现代传播（中国传媒大学学报），2010（1）：40-45.

[120] 田龙过. 媒体融合重新定义电视媒体影响力[J]. 编辑之友，2018（1）：55-60.

[121] 田世海，王春梦，杨文蕊. 基于ANP和随机Petri网的突发事件网络舆情危机预警机制研究[J]. 中国管理科学，2021（8）：1-12.

[122] 万秀斌，王明峰，颜珂，等. 提高舆论引导能力，做好宣传思想工作[N]. 人民日报，2013-09-11（1）.

[123] 王宝治. 社会权力概念、属性及其作用的辨证思考：基于国家、社会、个人的三元架构[J]. 法制与社会发展，2011，17（4）：141-147.

[124] 王佳敏，吴鹏，陈芬，等. 突发事件中意见领袖的识别和影响力实证研究[J]. 情报学报，2016，35（2）：169-176.

[125] 王建品，王旭，戴祎璠. 面向"双一流"建设的中国高校科技发展指数

研究［J］. 农业图书情报，2019，31（10）：23-30.

[126] 王婧，耿雪. 微博的新媒体特征［J］. 青年记者，2012（23）：88.

[127] 王林，潘陈益，朱文静，等. 机构微博传播力影响因素研究［J］. 现代情报，2018，38（4）：35-41.

[128] 王知津，郑红军，张收棉. 网络计量学的理论、方法及应用［J］. 中国图书馆学报，2005（4）：11-14.

[129] 魏奇锋，石琳娜. 基于小世界网络的知识网络结构演化模型研究［J］. 软科学，2017，31（7）：135-140.

[130] 魏荣，戚玉兰. 高校思想政治教育网络话语权研究［J］. 学校党建与思想教育，2017，（17）：45-48.

[131] 文庭孝. 科学评价理论体系的构建研究［J］. 重庆大学学报（社会科学版），2008（3）：63-69.

[132] 吴晓明. 新媒体传播中的社会舆论场综合考察［J］. 徐州师范大学学报（哲学社会科学版），2010，36（3）：61-67.

[133] 吴艳东，廖小丹. 意识形态国际话语权的生成机制与提升路径——基于马克思主义利益观的视阈［J］. 广西社会科学，2020（10）：24-29.

[134] 习近平. 推动传统媒体和新兴媒体融合发展，强化互联网思维［N］. 光明日报，2014-08-19（1）.

[135] 习近平. 习近平谈治国理政［M］. 北京：外文出版社，2014：153-156.

[136] 习近平. 胸怀大局把握大势着眼大事 努力把宣传思想工作做得更好［N］. 人民日报，2013-08-21（1）.

[137] 习近平. 在第二届世界互联网大会开幕式上的讲话［N］. 人民日报，2015-12-17（2）.

[138] 谢芳. 探讨高校新媒体建设与运营思考［J］. 现代营销（信息版），2019（7）：129.

[139] 谢雪梅，杨洋洋. 地方政府网络舆情应对能力评价及提升路径研究［J］. 现代情报，2020，40（1）：144-151.

[140] 徐稳. 高校思想政治理论课教学话语体系的反思与转换［J］. 教育探索，

2017，（6）：75-78.

[141] 许哲. 自媒体话语权研究［M］. 北京：知识产权出版社，2018：4.

[142] 薛风平. 加快实施国家大数据战略［N］. 青岛日报，2016-01-09（5）.

[143] 王晓易. 寻找通往未来的钥匙［N］. 人民日报，2013-02-01（23）.

[144] 杨金鹏. 请把网络话语权还给我——首例网民状告网站侵犯话语权案［J］. 检察风云，2005（9）：48-49.

[145] 杨洋，胡近. 高校网络思想政治教育话语创新探析［J］. 中国电化教育，2018，（9）：87-93.

[146] 杨洋洋，谢雪梅. 基于WSR方法论的政府舆情治理评价研究［J］. 东北大学学报（社会科学版），2021，23（3）：62-70.

[147] 杨云霞. 话语"权利"抑或"权力"：辨析与再认识［J］. 人民论坛·学术前沿，2021（6）：94-102.

[148] 杨长春，王睿. 基于H指数的政务微博影响力研究［J］. 现代情报，2018，38（3）：110-115；123.

[149] 伊丽莎白·诺尔-诺伊曼. 沉默的螺旋：舆论——我们的社会皮肤［M］. 北京：北京大学出版社，2013：5.

[150] 殷殷，姜建成. 社会主义核心价值观视域中的网络话语权建设［J］. 思想教育研究，2015（1）：40-44.

[151] 余守萍，胡辰. 新媒体时代学校思想政治工作话语体系困境及创新路径［J］. 中学政治教学参考，2020（12）：34-36.

[152] 张宝生，祁晓婷. 基于危机过程管理视角的地方政府网络舆情导控能力评价研究［J］. 现代情报，2018，38（10）：24-31；56.

[153] 张波，范阳鹤. 网络空间下社会主流价值观传播力研究［J］. 哈尔滨工业大学学报（社会科学版），2021（5）：13-18.

[154] 张方风，刘军. 复杂网络拓扑结构与演化模型研究综述（一）［J］. 系统科学学报，2014，22（2）：55-57.

[155] 张敏，尹帅君，霍朝光，等. 数据包络分析视角下高校图书馆微博运营效率研究［J］. 图书馆论坛，2015，35（8）：126-131.

[156] 张明辉. 情感分析在商品评论中的应用 [J]. 现代信息科技, 2019, 3 (10): 187-190.

[157] 张煊, 夏南强, 韩一士, 等. 基于DEA模型的网络舆情政府应对效果研究 [J]. 情报科学, 2021, 39 (6): 97-102; 160.

[158] 张玉亮. 突发事件网络舆情信息流风险模糊综合评价研究 [J]. 情报科学, 2015, 33 (11): 100-106.

[159] 张紫琼, 叶强, 李一军. 互联网商品评论情感分析研究综述 [J]. 管理科学学报, 2010, 13 (6): 84-96.

[160] 赵丹群. 网络信息计量学研究与发展评述 [J]. 情报理论与实践, 2019, 42 (6): 154-158; 143.

[161] 赵明炬. 大数据背景下的高校网络传播阵地建设研究 [J]. 出版广角, 2017, (7): 69-71.

[162] 赵乃瑄, 刘佳静, 金洁琴, 等. 基于信息传播行为的高校新媒体影响力评价研究——以微信为例的实证分析 [J]. 情报理论与实践, 2020, 43 (6): 62-68, 43.

[163] 赵妍妍, 秦兵, 刘挺. 文本情感分析 [J]. 软件学报, 2010, 21 (8): 1834-1848.

[164] 赵志伟, 胡静. 互联网信息传播视域下意识形态话语权生产机制及其启示 [J]. 中共福建省委党校 (福建行政学院) 学报, 2020 (1): 152-161.

[165] 郑飏飏, 徐健, 肖卓. 情感分析及可视化方法在网络视频弹幕数据分析中的应用 [J]. 现代图书情报技术, 2015 (11): 82-90.

[166] 周强. 新媒体时代高校网络舆情的研判及应对策略 [J]. 福建论坛 (人文社会科学版), 2013, (2): 185-188.

[167] 朱星宇, 陈勇强. SPSS多元统计分析方法及应用 [M]. 北京: 清华大学出版社, 2011: 137.

[168] 朱燕丹, 靖鸣. 传播与权力的博弈: 新媒体视域下社会治理的问题与对策 [J]. 江西师范大学学报 (哲学社会科学版), 2016, 49 (4): 50-56.

[169] 卓尚进. 促进移动互联网健康有序发展 [N]. 金融时报, 2017-01-21 (4).

[170] 邹顺宏. 重大突发公共事件中新媒体的舆论引导功能及策略 [J]. 中国广播电视学刊, 2020 (12): 85-88.

英文文献

[171] ADAMIC L A, HUBERMAN B A, BARABASI A L, et al. Power-Law distribution of the World Wide Web [J]. Science, 2000, 287 (61): 2115.

[172] ALBERT R, BARABASI A L.Statistical mechanics of complex networks [J]. Review of Modern Physics, 2001, 74 (1): 47-98.

[173] ALEQANI A R, HOUGH J, NYGARD K E.Public opinion on dockless bike sharing: A machine learning approach [J]. Transportation Research Record, 2019, 2673 (4): 195-204.

[174] ALMIND T C, INGWERSEN P.Infometric analyses on the World Wide Web: Methodological approaches to "Webometrics" [J]. Journal of Documentation, 1997, 53 (4): 404-426.

[175] BARABÁSI A L, ALBERT R.Emergence of scaling in random networks [J]. Science, 1999, 286: 509-512.

[176] BIGSBY K G, OHLMANN J W, ZHAO K. Online and off the field: Predicting school choice in college football recruiting from social media data [J]. Decision Analysis, 2017, 14 (4): 261-273.

[177] BLONDEL V D, GUILLAUME J L, LAMBIOTTE R, et al.Fast unfolding of communities in large networks [J]. Journal of Statistical Mechanics Theory & Experiment, 2008 (10): 1-13.

[178] BRINKMAN B G, KHAN A, JEDINAK A, et al.College women's reflections on media representations of empowerment [J]. Psychology of Popular Media Culture, 2015, 4 (1): 2-17.

[179] CERON A, Negri F.The "Social Side" of public policy: Monitoring online public opinion and its mobilization during the policy cycle [J]. Policy and

Internet, 2016, 8（2）: 131-147.

［180］ CHA M, HADDADI H, BENEVENUTO F, et al.Measuring user influence in Twitter: The million follower fallacy ［C］. International AAAI Conference on Weblogs and Social Media, 2010: 10-17.

［181］ CHAO A F Y, YANG H L.Using Chinese radical parts for sentiment analysis and domain-dependent seed set extraction ［J］. Computer Speech and Language, 2018, 47（1）: 194-213.

［182］ CHIZWINA S, RABATSETA B, BANGANI S, et al.A university library's use of social media during a time of crisis ［J］. Library Review, 2017, 66（6-7）: 456-467.

［183］ COLLINS C, HASAN S, UKKUSURI S.A novel transit rider satisfaction metric: Rider sentiments measured from online social media data ［J］. Journal of Public Transportation, 2013, 16（2）: 21-45.

［184］ FIIALKA S.Technical university students' media literacy in social networks ［J］. Mediaobrazovanie Media Education, 2017,（4）: 7-13.

［185］ FOUCAULT M.The archaeology of knowledge and the discourse on language ［M］. New York: Pantheon Books, 1972: 48-49.

［186］ FAIRCLOUGH, N.Language and power ［M］. London: Longman, 1989.

［187］ GONG M Y.Study on the construction of the discourse power of dominant ideology in China ［M］. Ottawa: Clausius Scientific Press Inc, 2018.

［188］ GUINOTE A.Behaviour variability and the situated focus theory of power ［J］. European Review of Social Psychology, 2007, 18: 256-295.

［189］ HATFIELDE C.Emotional contagion ［M］. Cambridge: Cambridge University Press, 1994: 1-10.

［190］ HE W, TIAN X, HUNG A.et al.Measuring and comparing service quality metrics through social media analytics: A case study ［J］. Inf Syst E-Bus Manage, 2018,（16）: 579-600.

［191］ HOVLAND C I, JANIS I L, KELLEY H H.Communication and persuasion:

Psychological studies of opinion change [M]. Connecticut: Yale University Press, 1953.

[192] JIMENEZ V M, HERENCIA C B, HERNANDEZ D E.Gender equality and media literacy university inclusive education as a case study [J]. Prisma Social, 2016, (16): 322-347.

[193] KELES E.An analysis of the Twitter accounts of university libraries in Ankara [J]. Turkish Librarianship, 2017, 31 (3): 374-393.

[194] KNOBLOCH K R.Public sphere alienation: A model for analysis and critique [J]. Javnost-the Public, 2011, 18 (4): 21-37.

[195] KOC M, BARUT E.Development and validation of new media literacy scale (NMLS) for university students [J]. Computers in Human Behavior, 2016, (63): 834-843.

[196] KOSE O B, DOGAN A.The relationship between social media addiction and self-esteem among Turkish university students [J]. International Journal of Adolescence and Youth, 2019, 6 (1): 175-190.

[197] KWON K H, BANG C C, EGNOTO M, et al. Social media rumors as improvised public opinion: Semantic network analyses of twitter discourses during Korean saber rattling 2013 [J]. Asian Journal of Communication, 2016, 26 (3): 201-222.

[198] LAMBIOTTE R, DELVENNE J C, BARAHONA M.Laplacian dynamics and multiscale modular structure in networks [J]. Physics, 2012: 1-29.

[199] LAZARSFELD P F, BERELSON B, GAUDET H.The peoples choice: How the voter makes up his mind in a presidential campaign [J]. New York Columbia University Press, 1948, 77 (2): 177-186.

[200] MAGEE J C, GALINSKY A D, GRUENFELD D H.Power, propensity to negotiate, and moving first in competitive interactions [J]. Personality and Social Psychology Bulletin, 2007, 33 (2): 200-212.

[201] MCCOMBS M E, SHAW D L.The Agenda-Setting function of mass media

［J］. Public Opinion Quarterly, 1972, 36 (2): 176-187.

［202］ MORENO M A, JELENCHICK L A, EGAN K G, et al. Feeling bad on Facebook: Depression disclosures by college students on a social networking site ［J］. Depression And Anxiety, 2011, 28 (6): 447-455.

［203］ MWANZA S, SULEMAN H. Measuring network structure metrics as a proxy for socio-political activity in social media ［C］. 2017 IEEE International Conference on Data Mining Workshops, New Orleans, LA, 2017: 878-883.

［204］ NAN F, SUO Y N, JIA X Y, et al. Real-time monitoring of smart campus and construction of weibo public opinion platform ［J］. Ieee Access, 2018, 6: 76502-76515.

［205］ NINORODRIGUEZ A. Public-opinion and foreign-policy ［J］. Hispania-Revista Espanola De Historia, 1986, (163): 455-458.

［206］ NOELLE-NEUMANN, E. The Spiral of Silence: Public opinion—our social skin ［M］. Bibliovault OAI Repository, the University of Chicago Press, 1986.

［207］ OTTE E, ROUSSEAU R. Social network analysis: A powerful strategy, also for the Information Sciences ［J］. Journal of Information Science, 2002, 28 (6): 441-453.

［208］ PINHEIRO M D, GRILO A. Assessing business efficiency in the use of social networking sites: A DEA approach ［J］. International Proceedings of Economics Development and Research, 2013, 59: 26.

［209］ PORTUGAL R D, SVAITER B F. Weber-fechner law and the optimality of the logarithmic scale ［J］. Minds & Machines, 2011, 21 (1): 73-81.

［210］ ŘEHŮŘEK, R, SOJKA, P. Gensim—statistical semantics in Python ［J］. 2011: 1-2.

［211］ RINFRET S R, ANGLE J, SCOTT S, et al. Experiential learning revisited: Lessons from a student-led public opinion polling class ［J］. Ps-Political Science & Politics, 2020, 53 (3): 542-546.

[212] ROSSINI P, HEMSLEY J, TANUPABRUNGSUN S, et al. Social media, opinion polls, and the use of persuasive messages during the 2016 US election primaries [J]. Social Media and Society, 2018, 4 (3): 1-11.

[213] RUSSELL F M. Power, public-opinion, and diplomacy [J]. Annals of the American Academy of Political and Social Science, 1960, 328 (3): 215-216.

[214] SEGURA M A G, PANIAGUA R F J, FERNANDEZ-SANDE M. Methodology to evaluate university communication on Facebook and Twitter [J]. Prisma Social, 2020, 28: 127-144.

[215] SPIVAK G C. In other worlds: Essays in cultural politics [M]. New York: Methuen, 1987.

[216] SUAREZ J G, CERVANTES C T, GARCIA E R. Twitter as a resource to evaluate the university teaching process [J]. Rusc-Universities and Knowledge Society Journal, 2015, 12 (3): 32-45.

[217] TEJERO M L V. The measured and mediatized public opinion: The social communication in the democratic Spain [J]. Estudios Sobre El Mensaje Periodistico, 2008, 14: 267-289.

[218] TEPLYASHINA A N, PAVLUSHKINA N A. University for high school students: Media literacy as a path to creativity [J]. Mediaobrazovanie, 2017, (4): 62-72.

[219] TOURNAY V, JACOMY M, NECULA A, et al. A new web-based big data analytics for dynamic public opinion mapping in digital networks on contested biotechnology fields [J]. Omics-A Journal of Integrative Biology, 2020, 24 (1): 29-42.

[220] VALERIO L M. Knowing college students personality through their "Likes" in Facebook [J]. Prisma Social, 2015, (15): 147-179.

[221] VEPSALAINEN T, LI H X, SUOMI R. Facebook likes and public opinion: Predicting the 2015 Finnish parliamentary elections [J]. Government

Information Quarterly，2017，34（3）：524-532.

[222] WATTS D J，STROGATZ S H. Collective dynamics of 'small-world' networks [J]. Nature，1998，393（6684）：440-442.

[223] WEIGEL F K，HAZEN B T. Diffusion of innovations [J]. Journal of Continuing Education in the Health Professions，1995，17（1）：62‐64.

[224] WINKIELMAN P，KNUTSON B，PAULUS M，et al. Affective influence on judgments and decisions：Moving towards core mechanism [J]. Review of General Psychology，2007，11（2）：179-192.

网络文献

[225] 中共中央，国务院. 关于加强和改进新形势下高校思想政治工作的意见 [EB/OL].（2017-02-27）[2024-09-25]. http：//www. gov. cn/xinwen/ 2017-02/27/content_5182502.htm.

[226] 国务院. 国务院关于印发统筹推进世界一流大学和一流学科建设总体方案的通知 [EB/OL].（2015-10-24）[2024-09-25]. http：//www.moe. gov.cn/jyb_xxgk/moe_1777/moe_1778/201511/t20151105_217823.html.

[227] 教育部，财政部，国家发展改革委. 教育部 财政部 国家发展改革委关于印发《统筹推进世界一流大学和一流学科建设实施办法（暂行）》的通知 [EB/OL].（2017-01-24）[2024-09-25]. http：//www.moe.gov.cn/ srcsite/A22/moe_843/201701/t20170125_295701.html.

[228] 教育部，财政部，国家发展改革委. 教育部 财政部 国家发展改革委印发《关于高等学校加快"双一流"建设的指导意见》的通知 [EB/OL].（2018-08-20）[2024-09-25] http：//www. moe. gov. cn/srcsite/A22/moe_ 843/201808/t20180823_345987.html.

[229] 人民网. 校长们请注意：2021年高校舆情风险清单！[EB/OL].（2021- 05-15）[2021-04-23]. http：//yuqing. people. com. cn/n1/2021/0113/ c209043-31997841.html.

[230] 人民网-教育频道.《2018—2019高校社会影响力排行榜》完整榜单 [EB/OL].（2019-12-21）[2021-04-23]. http：//edu.people.com.cn/n1/

2019/1223/c1053-31519070.html.

[231] 软科.权威发布：2020 软科中国大学排名［EB/OL］.（2020-05-15）
［2021-04-23］. https：//baijiahao.baidu.com/s？id=166672681554525781
1&wfr=spider&for=pc.

[232] 网易数读.谁才是中国最网红的大学［EB/OL］.（2020-08-30）［2021-
04-21］. https：//baijiahao.baidu.com/s？id=1676438437163871615&wfr=
spider&for=pc.

[233] 新华网.习近平提出，提高保障和改善民生水平，加强和创新社会治理
［EB/OL］.（2017-10-18）［2020-09-02］. http：//www.xinhuanet.com/
politics/19cpcnc/2017-10/18/c_1121820849.htm.

[234] 新华网.《习近平总书记系列重要讲话读本》全文［EB/OL］.（2014-10-
13）［2020-09-02］ http：//www.xinhuanet.com/politics/2014-10/13/c_
127090941.htm.

[235] 新浪教育.2019 全国高校新媒体论坛暨微博校园年度盛典在京举行
［EB/OL］.（2019-03-01）［2020-09-02］. http：//edu.sina.com.cn/l/2019-
03-01/doc-ihsxncvf8831406.shtml.

[236] 国家互联网信息办公室.第 47 次《中国互联网络发展状况统计报告》（全
文）［EB/OL］.（2021-02-03）［2021-09-15］. http：//www.cac.gov.cn/
2021-02/03/c_1613923423079314.htm.

[237] 教育部，财政部，国家发展改革委.教育部 财政部 国家发展改革委关于
印发《"双一流"建设成效评价办法（试行）》的通知［EB/OL］.
（2021-03-21）［2021-09-11］. http：//www.moe.gov.cn/srcsite/A22/moe_
843/202103/t20210323_521951.html.

[238] 中共中央，国务院.国务院办公厅关于在政务公开工作中进一步做好政
务舆情回应的通知［EB/OL］.（2016-08-12）［2021-06-01］. http：//
www.gov.cn/zhengce/content/2016-08/12/content_5099138.htm.

[239] 中共中央，国务院.我国网络信息内容生态治理取得成效［EB/OL］.
（2020-06-29）［2021-06-12］. http：//www.gov.cn/xinwen/2020-06/29/

content_5522544.htm.

［240］ 中共中央，国务院.《中共中央办公厅国务院办公厅印发〈关于进一步加强和改进新形势下高校宣传思想工作的意见〉》（中发〔2015〕59号）［EB/OL］.（2015-01-19）［2020-10-12］. http：//www. gov. cn/xinwen/201501/19/content_2806397.htm.

［241］ New media［EB/OL］.（2010-10-17）［2020-10-12］. https：//en.wikipedia.org/wiki/New_media.

附录

附录1　情感分析代码（部分）

```python
def __init__(self, merge=True, pos=None, neg=None, encoding='utf-8'):
    """
    :pos 正面词典的txt文件
    :neg 负面词典的txt文件，即融合自带情感词典和自定义词典。merge=False, 只使用自定义词典。
    :merge 默认merge=True,即融合自带情感词典和自定义词典。merge=False, 只使用自定义词典。
    :encoding 词典txt文件的编码。默认为utf-8。如果是其他编码, 该参数必须使用
    """
    self.Poss = self.load_dict('pos.pkl')
    self.Negs = self.load_dict('neg.pkl')

    if pos:
        if merge:
            del self.Poss
            self.Poss = self.load_diydict(file=pos, encoding=encoding)+self.load_dict('pos.pkl')
            jieba.load_userdict(pos)

        else:
            del self.Poss
            self.Poss = self.load_diydict(file=pos, encoding=encoding)
            jieba.load_userdict(pos)

    if neg:
        if merge:
            del self.Negs
            self.Negs = self.load_diydict(file=neg, encoding=encoding)+self.load_dict('neg.pkl')
            jieba.load_userdict(pos)
        else:
            del self.Negs
            self.Negs = self.load_diydict(file=neg, encoding=encoding)
            jieba.load_userdict(pos)

    self.Denys = self.load_dict('deny.pkl')
```

附录2　主题分析代码（部分）

```python
# -*- coding: utf-8 -*-

# 正则包
import re
# html 包
import html
# 自然语言处理包
import jieba
import jieba.analyse
# 机器学习包
from sklearn.metrics.pairwise import cosine_similarity


class CosineSimilarity(object):
    """
    余弦相似度
    """
    def __init__(self, content_x1, content_y2):
        self.s1 = content_x1
        self.s2 = content_y2

    @staticmethod
    def extract_keyword(content):  # 提取关键词
        # 正则过滤 html 标签
        re_exp = re.compile(r'(<style>.*?</style>)|(<[^>]+>)', re.S)
        content = re_exp.sub(' ', content)
        # html 转义符实体化
        content = html.unescape(content)
        # 切割
        seg = [i for i in jieba.cut(content, cut_all=True) if i != '']
        # 提取关键词
        keywords = jieba.analyse.extract_tags("|".join(seg), topK=200, withWeight=False)
        return keywords

    @staticmethod
    def one_hot(word_dict, keywords):  # oneHot编码
        # cut_code = [word_dict[word] for word in keywords]
```

附录3 BP神经网络核心代码（部分）

```matlab
%% 建立训练集/测试集
train_num=60;  %训练集数目
x_train=SamIn(1:train_num,:).';
x_test=SamIn(train_num+1:70,:).';
y_train=SamOut(1:train_num,:).';
y_test=SamOut(train_num+1:70,:).';
%% 创建BP神经网络
%创建网络
Node_num=9;
net=newff(minmax(x_train),[Node_num,1],{'tansig','purelin'},'traincgp'); %隐层神经元个数,输出层神经元个数
%  net=feedforwardnet(hiddenSizes(default = 10),trainFcn (default = 'trainlm'))
%设置训练次数
net.trainParam.epochs = 50000;
%设置收敛误差
net.trainParam.goal=0.0001;
%设置收敛效率
net.trainParam.lr=0.1;
%动量因子的设置, 默认为0.9
net.trainParam.mc=0.9;
%显示的间隔次数
net.trainParam.show=100;
%设置训练函数
%训练网络
net=init(net);
[net,tr]=train(net,x_train,y_train);
disp('网络训练后第一层权值为：')
iw1=net.iw{1};
disp('网络训练后第一层阀值为：')
b1=net.b{1};
disp('网络训练后第二层权值为：')
iw2=net.Lw{2};
disp('网络训练后第二层阀值为：')
b2=net.b{2};
save LXLBP net;  %%保存网格
%加载网格
```

索引